666个
烧脑游戏
想 怎 么 玩 就 怎 么 玩

知 书 / 编

民主与建设出版社
·北京·

图书在版编目（CIP）数据

666个烧脑游戏：想怎么玩就怎么玩 / 知书编.
北京：民主与建设出版社，2024. 9. -- ISBN 978-7
-5139-4754-1

Ⅰ . G898.2

中国国家版本馆CIP数据核字第2024K57W57号

666个烧脑游戏：想怎么玩就怎么玩
666 GE SHAONAO YOUXI XIANG ZENME WAN JIU ZENME WAN

编 者	知 书	
责任编辑	唐 睿	
特约策划	罗 双	
封面设计	肖国旺	
出版发行	民主与建设出版社有限责任公司	
电 话	（010）59417749 59419778	
社 址	北京市朝阳区宏泰东街远洋万和南区伍号公馆4层	
邮 编	100102	
印 刷	大厂回族自治县德诚印务有限公司	
版 次	2024年9月第1版	
印 次	2024年9月第1次印刷	
开 本	700毫米×995毫米 1/16	
印 张	15	
字 数	154千字	
书 号	ISBN 978-7-5139-4754-1	
定 价	49.80元	

注：如有印、装质量问题，请与出版社联系。

前　言

现代生活的节奏如此快速，大家是否会感到压力巨大，希望在忙碌之余得到片刻放松，找到生活的乐趣呢？这本《666个烧脑游戏：想怎么玩就怎么玩》一定能帮助你摆脱疲惫、释放压力，让你的生活变得积极又富有色彩。

本书收集了666个精彩纷呈的烧脑游戏，涵盖了技巧、趣味、解谜、智力和数学等多种类型。无论你是追求极限挑战的脑力探险家，还是希望为聚会增添欢笑的策划者，它都能成为你的灵感源泉与快乐伙伴。

"烧脑技巧游戏"是一场与家人朋友共同参与的盛宴，在欢声笑语中锻炼你的反应能力与策略能力，让每一次交锋都成为你与他人加深情感的桥梁。而"烧脑趣味游戏"则以诙谐幽默的谜题和机智问答，带你穿梭于智慧与欢笑的世界，让思维在愉悦中翩翩起舞。"烧脑解谜游戏"里是错综复杂的逻辑挑战与设计精妙的谜题，每一次推理都是对智慧的磨砺，每一次解答都是对自我的超越。在"烧脑智力游戏"的广阔舞台上，空间想象与瞬间记忆的极限将被不断考验，每一次尝试都是对智力边界的勇敢探索。对于数学爱好者，"烧脑数学游戏"则是一片等待开垦的沃土。这里不仅有经典问题的新诠释，更有创意无限的新挑战，让你在数字与公式的海洋中遨游，感受数学独有的韵律与美感。

本书带来的不仅是一场游戏盛宴，更是一次心灵的洗礼与智慧的飞跃。它将以千变万化的形式，悄无声息地提升你的思维能力、反应速度，让生活变得更加丰富多彩，充满无限可能。

此刻，就让我们携手翻开这本游戏宝典，一同踏上这场充满未知与挑战的烧脑之旅。在游戏的海洋中，让我们共同见证思考的力量，享受那份由内而外的快乐与满足。

目　录

烧脑技巧游戏

▶ **1. 寻找隐藏者**

　　游戏规则：本游戏建议六人以上参与。参与者每人得到一张写有词语的卡片。多数人的词语相同，比如"胡须"，只有一人获得的词语相关但不同，比如"眉毛"。游戏开始后，参与者轮流描述得到的词语。每轮描述完后，投票选出谁是拿到相关但不同词语的隐藏者，票多者出局。若隐藏者坚持到最后三人不被猜到，则获胜；否则，多数派获胜。

▶ 2. 心口不一挑战

游戏规则：本游戏建议四人以上参与。参与者分两队对抗。每人头顶贴有一张写着词语的卡片（自己不知道词语内容）。游戏开始后，参与者轮流向对手提问，对手必须正确回答。任何一方猜中自己头上的词语，即可淘汰对方一人；猜错则自己出局。当哪一队所有人出局时，游戏决出胜负，另一队获胜。

▶ 3. 逆向反应大考验

游戏规则：本游戏建议四人以上参与。一人坐定，为出题者，其余参与者排队。出题者快速指某个方向并说"看这边"，挑战者须看向相反方向。如果看向出题者所指方向，则被淘汰。

▶ 4. 顶气球比赛

游戏规则：本游戏建议四人以上参与。参与者分两队，游戏开始前用绳子把场地分成两块，然后两队分列绳子两侧，用头顶球过绳，互相传球，哪队没能接住球，则游戏结束，另一队获胜。

▶ 5. 占领阵地

　　游戏规则：本游戏建议六人以上参与。参与者分成几组，每组至少三人。每组的参与者全员站在一张报纸上，所有人的身体都不得碰地。全员成功后，撕去一半报纸，再次尝试。如果成功，再撕去一半报纸，再尝试……直至失败。最后，能站进最小报纸的小组获胜。

▶ 6. 手脚站立

　　游戏规则：本游戏建议六人以上参与。参与者每三人组成一组，从易到难，完成下列要求：整组人由六手三脚着地，到三手三脚着地，到三手两脚着地，到两手两脚着地，到一手两脚着地，到一手一脚着地。坚持得久的组获胜。

▶ 7. 踩气球

　　游戏规则：本游戏建议六人以上参与。参与者分为两组，每人左右脚各捆绑三至四个气球，在游戏开始后，互相踩对方的气球，并保护自己的气球不破。游戏时间一分钟为限，看最后哪组保留的气球最多，哪组获胜。

▶ 8. 指压板竞速

游戏规则：本游戏建议四人以上参与。参与者分成几组，每组两人，一人背起另一人，在指压板拼成的赛道上竞速，用时最短走完全程的组获胜。

▶ 9. 爱的抱抱

游戏规则：本游戏建议八人以上参与。所有参与者围成圈。裁判说一个数字，参与者就要按数字的人数抱在一起。人数超过数字或低于数字的组被淘汰，坚持到最后的一组人获胜。

▶ 10. 画画猜成语

游戏规则：本游戏建议六人以上参与。参与者每几人组成一个小组，每组派出一人，按出题板上的成语在黑板上画画，其余组员根据画猜成语，限时三分钟，每组依次进行，看哪组猜得多，则获胜。

11. 读歌词猜歌名

游戏规则：本游戏建议三人以上参与。由裁判读歌词，参与者根据歌词猜歌名，三分钟内猜对歌名数多的人获胜。

12. 三分钟跑步大王

游戏规则：本游戏建议三人以上参与。参与者在跑步机上跑步，三分钟内，跑的里程最多的人获胜。

13. 劈叉团体赛

游戏规则：本游戏建议六人以上参与。参与者分成几组，每组三人，组员每人尽自己最大能力劈叉。每组成员劈叉距离之和最长的小组获胜。

▶ 14. 抢椅子

　　游戏规则：本游戏建议五人以上参与。准备几把椅子，椅子的数量要比参赛人数少一个。把椅子围成一圈，参赛者站在圈外。从裁判发信号开始，参赛者围着椅子圈转圈，等信号结束，所有参赛者要立即坐到椅子上，没坐到的人被淘汰。然后撤掉一把椅子，继续开始下一轮，直到决出最后的胜利者。

▶ 15. 成语抢答

　　游戏规则：本游戏建议三人以上参与。裁判每次说一个主题，所有参与者抢答和主题有关的成语。例如，裁判说，含有颜色的成语。参与者可以说：五颜六色，姹紫嫣红……以三分钟为限，抢答且回答正确次数最多的参与者获胜。

▶ 16. 命题成语

　　游戏规则：本游戏建议三人以上参与。参与者根据裁判要求抢答成语。比如，裁判说，AABB 型成语、AABC 型成语等。限时三分钟，抢答且回答正确次数最多的参与者获胜。

▶ 17. 吃西瓜

游戏规则：本游戏建议三人以上参与。准备几片大小相近的西瓜，在裁判宣布开始后，参与者以最快的速度吃完一片西瓜。必须吃完，不许吐出来。用时最短的参与者获胜。

▶ 18. 撕名牌

游戏规则：本游戏建议六人以上参与。参与者分成两组，背后贴上写有自己名字的纸牌。游戏开始后，参与者要一边保护自己背后的名牌，还要想办法撕掉对手背后的名牌。被撕掉名牌的参与者被淘汰。在有限时间内，淘汰对手更多的一组获胜。

▶ 19. 终极传递

游戏规则：本游戏建议八人以上参与。参与者分成几组，每组至少四人。每组成员排成一队。由裁判写出一个动物名称，由第一个参与者用肢体动作表演动物给身后的第二人看，第二人再表演给身后的第三人看，以此类推。由每组的最后一人猜动物的名称。猜错的组被淘汰，猜对的组获胜。如同时有多组猜对，则进行加赛，直到决出最后的胜利组。

▶ 20. 斗鸡大会

游戏规则：本游戏建议四人以上参与。参与者单腿站立，两只手将另一条腿的脚腕抓住。参与者两两一组，互相用身体撞击，双脚着地者失败。

▶ 21. 我没做过的事

游戏规则：本游戏建议三人以上参与。参与者围坐，伸出三根手指，每人轮流说一件可能只有自己做过的事情。例如：我曾经一天一夜没有睡觉。如果参与者确实没做过，就收回一根手指。如果三根手指都被收回，即被淘汰。留到最后的人获胜。

▶ 22. 快乐数钱

游戏规则：本游戏建议六人以上参与，且男女参与者各占一半为佳。参与游戏的女生代表五毛钱，男生代表一元钱。游戏开始时，裁判喊出一个金额。参与者必须按此数目组合在一起，在五秒内未成功组合的参与者被淘汰，如果所有参与者都没能成功组合，则裁判重新报数。坚持到最后的人获胜。

▶ 23. 零零七

　　游戏规则：本游戏建议五人以上参与。第一位参与者喊出："零！"然后随机指第二人，第二人也喊出："零！"再随机指第三人，第三人喊出："七！"再随机指第四人喊："零！"如此循环，喊错数字的人被淘汰，坚持到最后的人获胜。

▶ 24. 定时炸弹

　　游戏规则：本游戏建议五人以上参与。用手机设定一个一分钟的倒计时。裁判启动倒计时以后，提出一个问题，然后把手机交给第一位参与者。第一个参与者在完整回答完问题后，也提出一个问题，再把手机传递给第二个参与者，第二个参与者回答问题后也提出一个问题，之后把手机传递给第三个参与者，如此循环，直到手机倒计时结束。倒计时结束时持有手机的参与者被淘汰。坚持到最后的参与者获胜。

25. 物品快速联想

游戏规则：本游戏建议四人以上参与。裁判说出物品名，第一个参与者须快速说出联想到的其他物品，且联想要有逻辑，比如"说到西瓜就想到绿色"或"说到西瓜就想到冬瓜"，接着第二个参与者须根据第一个参与者联想的物品继续联想，以此类推，直到有参与者不能及时说出联想或联想无逻辑被淘汰，比如"说到西瓜就想到飞船"。坚持到最后的参与者获胜。

26. 影子舞蹈比赛

游戏规则：本游戏建议三人以上参与。在灯光投射的区域内，一名参与者利用身体摆出各种形状的影子，并尝试模仿裁判给出的影子形状。裁判和其他参与者作为观众投票，选出相似度高的影子舞者。

27. 反向记忆挑战

　　游戏规则：本游戏建议三人以上参与。裁判给出一系列指令，比如向前走三步、转身等。参与者必须执行与指令完全相反的动作。出错或反应最慢的参与者被淘汰，最后留下的人获胜。

28. 拼图接力赛

　　游戏规则：本游戏建议六人以上参与。参与者分成几组，每组的参与者轮流上前完成一块拼图，最快完成整个拼图的小组获胜。（提示：选择的拼图不要太难。）

29. 猜拳马拉松

　　游戏规则：本游戏建议五人以上参与。参与者围成一圈，进行连续的猜拳游戏（石头、剪刀、布）。每轮输掉的人须进行一项小惩罚（如做俯卧撑、唱歌等），然后继续进行下一轮。坚持最久或赢的次数最多的人获胜。

30. 模仿大师

游戏规则：本游戏建议四人以上参与。参与者轮流上台，模仿一个名人或动漫角色的动作或名言。其他参与者猜被模仿的名人或动漫角色是谁，猜中次数最多的人获胜。

31. 画画接力猜题

游戏规则：本游戏建议八人以上参与。参与者分成几组，每组至少四人，选出一人当猜题人，其余组员根据看到的题目以接力的形式画画，每人画一笔，猜题人在画画过程中猜题目内容。猜题正确且用时最短的组获胜。

32. 首字接龙

游戏规则：本游戏建议四人以上参与。裁判先说一个词语，然后参与者轮流说出与这个词语首字相同的词语，且不能重复。谁说不出或说重复则被淘汰，最后留下的人获胜。

33. 气球运输

游戏规则：本游戏建议四人以上参与。参与者分成几组，两人为一组，用身体（除手外）夹住一个气球，从起点走到终点。其间气球不能落地或破了，最快完成的组获胜。

34. 词语编故事

游戏规则：本游戏建议三人以上参与。裁判提供一个关键词，参与者轮流根据关键词讲一个小故事。裁判根据故事的精彩程度和创意进行评分，得分最高的人获胜。

35. 角色互换表演

游戏规则：本游戏建议三人以上参与。参与者随机抽取写着职业的卡片，接下来轮流用动作表演自己卡片上的职业。有人猜中自己表演的职业得一分，最先猜中别人表演的职业也得一分。限时三分钟，得分最高的人获胜。

36. 反向抢答

游戏规则：本游戏建议三人以上参与。裁判提出问题，参与者须故意给出错误的答案，由裁判评选出回答最快、最出人预料的人获胜。

37. 快速换装

游戏规则：本游戏建议三人以上参与。准备多套不同风格的服装，然后随机堆放在一起，参与者在极短的限定时间内快速换装，服装换得最快且成套系的人获胜。

▶ 38. 猜谜赛跑

　　游戏规则：本游戏建议三人以上参与。设置起点和终点，途中设置多个谜语站。参与者须解开谜语才能继续前进，最快抵达终点的人获胜。

▶ 39. 模仿动物声音大赛

　　游戏规则：本游戏建议三人以上参与。参与者轮流模仿不同动物的声音，最后由裁判选出模仿最像的人获胜。

▶ 40. 词语障碍赛

　　游戏规则：本游戏建议三人以上参与。在赛道上设置多个障碍点，每个障碍点都贴有一个词语。参与者须说出该词语的近义词才能通过障碍。用时最短的人获胜。

▶ 41. 盲人摸象

　　游戏规则：本游戏建议三人以上参与。参与者闭眼，通过触摸和感知来猜测物体，限时五秒。最快猜出的参与者获胜。如果没有人猜出，就加赛一轮，直到有人正确猜出物体。

▶ 42. 词语联想接龙

　　游戏规则：本游戏建议五人以上参与。第一个参与者说出一个词语，下一个参与者须说出一个与上一个词语相关联的词语（可以是同音、同义、反义等），以此类推。说不出或说错的参与者被淘汰，坚持到最后的人获胜。

▶ 43. 猜歌接力

　　游戏规则：本游戏建议三人以上参与。播放一段歌曲的前奏或有歌词的片段，参与者须接力唱出下一段歌词或猜出歌曲名称，唱对或猜出歌曲最多的人获胜。

▶ 44. 筷子传递挑战

　　游戏规则：本游戏建议六人以上参与。参与者分成几组，每组至少三人。小组的第一个参与者用筷子夹住一个小物件（如豆子、小球等），依次传递给下一个参与者，不能用手碰触，最快完成传递的小组获胜。

▶ 45. 舞蹈接力

　　游戏规则：本游戏建议三人以上参与。参与者轮流上台做动作，下一个参与者须在前一个参与者动作的基础上继续加动作，记不住动作或记错动作的参与者被淘汰，坚持到最后的人获胜。

46. 拼图记忆

游戏规则：本游戏建议三人以上参与。展示一张相对复杂的图片拼图，给参与者几分钟时间记忆。然后打乱拼图，看谁能在最短时间内恢复原图。

47. 瞬间记忆挑战

游戏规则：本游戏建议三人以上参与。快速展示一系列物品或图片，然后立即隐藏。参与者须说出或写下尽可能多的物品或图片名称。记忆最准确和完整的人获胜。

48. 语音版"你画我猜"

游戏规则：本游戏建议四人以上参与。参与者两人为一组，一人负责描述，另一人负责画画。描述的人先看一幅画，然后通过语言描述，让画画的人尽可能准确地把画画出来，画得最像的一组获胜。

49. 扔沙包接力

游戏规则：本游戏建议八人以上参与。参与者分成几组，每组至少四人。每组成员站成一排，手持球拍进行乒乓球接力传递。乒乓球不能掉地，最快完成传递的小组获胜。

▶ 50. 吹蜡烛比赛

　　游戏规则：本游戏建议三人以上参与。在桌子上摆放一排蜡烛，参与者站在一定距离外，通过吹气的方式尽量多地吹灭蜡烛。在规定时间内吹灭最多蜡烛的人获胜。

▶ 51. 瞬间记忆

　　游戏规则：本游戏建议三人以上参与。裁判展示某样物品，然后立即收起来。参与者须尽可能多地回忆起展示物品的细节，比如颜色、形状、花纹等。回忆细节最多、最准确的人获胜。

▶ 52. 扔飞镖比赛

　　游戏规则：本游戏建议三人以上参与。设置一个飞镖靶，参与者轮流投掷飞镖，尽量使飞镖射中靶心或高分区域，在规定时间内得分最高的人获胜。

▶ 53. 跳绳接力

　　游戏规则：本游戏建议六人以上参与。参与者分成几组，每组至少三人。每组成员依次跳绳，达到一定数量后传递给下一个人，最先完成所有轮次的组获胜。

54. 气球跳跃

游戏规则：本游戏建议三人以上参与。参与者将气球夹在两腿之间，通过跳跃的方式前进，先到达终点且气球不破，不掉落的人获胜。

55. 词语接龙

游戏规则：本游戏建议五人以上参与。参与者轮流说出一个词语，每个词语的第一个字必须是上一个参与者说的词语的最后一个字。接不上或说出重复词语的人被淘汰，坚持最久的人获胜。

56. 绕口令大赛

游戏规则：本游戏建议三人以上参与。准备几个绕口令，参与者轮流尝试说出。发音最准确、速度最快的人获胜。

57. 真心话大冒险

游戏规则：本游戏建议三人以上参与。参与者轮流选择真心话或大冒险。选择真心话的人须回答一个问题，选择大冒险的人须完成一个指定的任务。两者都不能完成的人要接受惩罚（本游戏不分胜负）。

58. 拍七游戏

游戏规则：本游戏建议四人以上参与。参与者围成一圈，从一开始报数，每当报到七或七的倍数时，须用拍手代替报数。出错的人被淘汰，坚持到最后的人获胜。

59. 盲人摸象

游戏规则：本游戏建议三人以上参与。一个参与者作为"盲人"，戴上眼罩或蒙上眼睛，其他参与者作为"大象"，在限定区域内移动。盲人须通过听觉和触觉来找到并"抓住"大象。限时内，盲人抓完所有大象，盲人获胜，抓不完，则大象获胜。

60. 幸运翻牌

游戏规则：本游戏建议两人以上参与。准备一副牌，背面朝上放在桌上。参与者轮流翻牌，如果翻到与之前翻开的牌花色或数字相同的，则可以收走这两张牌及之间的所有牌，整副牌被翻完后手中牌最多的人获胜。

61. 猜物品重量

游戏规则：本游戏建议三人以上参与。准备几个物品，让参与者猜测它们的重量，答案最接近实际重量的参与者获胜。

62. 模仿动物行走

游戏规则：本游戏建议三人以上参与。参与者要模仿指定动物的行走方式（如猫步、狗爬等），裁判根据参与者模仿的相似度打分。得分最高的参与者获胜。

63. 歌词接龙

游戏规则：本游戏建议四人以上参与。参与者轮流唱出歌曲中的一句歌词，且歌词的第一个字必须和前一个人唱的歌词的最后一个字发音相同，接不上或唱出重复歌词的人被淘汰。

64. 接力画画

游戏规则：本游戏建议六人以上参与。参与者分成几组，每组至少三人。限时内，每组轮流在一张纸上画画。每一个参与者须在上一个参与者的画作的基础上，尝试添加新的元素，最后裁判根据画作的创意和完成度打分。得分最高的组获胜。

65. 手指舞挑战

游戏规则：本游戏建议三人以上参与。准备几个手指舞视频，参与者学习并表演，评委根据表演的准确性和创意打分。得分最高的参与者获胜。

66. 幸运转盘大挑战

游戏规则：本游戏建议三人以上参与。设置一个转盘，上面标有各种不同的任务或奖励。参与者轮流转动转盘，并根据转盘指示完成任务或领取奖励。在规定的轮次内，累积最多奖励的人获胜。

67. 歌曲接龙

游戏规则：本游戏建议三人以上参与。参与者轮流唱出歌曲，每首歌曲的歌词要包含相同的元素（比如"花""大海"）。接不上歌曲或唱出重复歌曲的参与者被淘汰，最后剩下的参与者获胜。

68. 创意故事接龙

游戏规则：本游戏建议三人以上参与。参与者轮流讲述故事的一部分，讲述完故事开头之后，接下来每一个讲述故事的人都要接着前一个人讲述的情节继续往下讲故事并添加新的元素。裁判根据故事的连贯性、创意和趣味性打分，分数最高的人获胜。

69. 快问快答

游戏规则：本游戏建议三人以上参与。裁判给出一系列问题，参与者须快速回答。每个问题有一定的时间限制，限时内，回答真实、正确且数量最多的参与者获胜。

▶ 70. 气球踢毽子

游戏规则：本游戏建议四人以上参与。使用气球代替毽子，参与者轮流踢。气球落地或未能连续踢到指定次数的参与者被淘汰，最后剩下的参与者获胜。

▶ 71. 模仿电影场景

游戏规则：本游戏建议四人以上参与。参与者分组，每组至少两人。每组选择一个电影场景进行模仿表演。裁判根据表演的相似度、情感表达和创意打分，分数最高的组获胜。

▶ 72. 绕圈追逐

游戏规则：本游戏建议八人以上参与。参与者围成一个大圈，裁判随机选择一个追逐者和一个被追逐者。被追逐者用绕圈的方式躲避追逐者。若被追逐者成功绕圈一周回到原点而未被抓住，则追逐者被淘汰，裁判须重新指定一个追逐者。若被追逐者在逃跑过程中被抓住，则被追逐者被淘汰，裁判须重新指定一个被追逐者。游戏持续进行，最后剩下的参与者获胜。

▶ 73. 问答竞赛

　　游戏规则：本游戏建议四人以上参与。参与者分组进行知识问答竞赛，每组至少两人。每组轮流回答问题。答对加分，答错扣分。限时内，总分最高的组获胜。

▶ 74. 吹泡泡比赛

　　游戏规则：本游戏建议三人以上参与。参与者使用吹泡泡工具制作泡泡，裁判根据泡泡的大小和稳定性进行打分，分数最高的参与者获胜。

▶ 75. 表情模仿大赛

　　游戏规则：本游戏建议三人以上参与。裁判展示一系列表情图片，参与者轮流模仿图片中的表情并保持一定时间。裁判根据模仿的相似度打分，分数最高的参与者获胜。

▶ 76. 跳房子接力

　　游戏规则：本游戏建议四人以上参与。参与者分组进行跳房子游戏接力。每组依次完成跳房子任务，用时最短的组获胜。

77. 默契大考验

游戏规则：本游戏建议四人以上参与。参与者两人为一组，一人根据提示进行表演或描述，另一人猜测答案。在规定时间内，猜对答案最多的组获胜。

78. 猜拳组合战

游戏规则：本游戏建议四人以上参与。参与者分成几组，每组至少两人。组与组之间进行石头、剪刀、布的游戏。获胜者可以指定一名对方组的成员加入自己的组，直到其中一组成员全部被"吸收"，最终人数最多的组获胜。

79. 快速问答接龙

游戏规则：本游戏建议四人以上参与。参与者围坐成一圈，第一个人提出一个问题，然后指定下一个人回答自己的问题并再提出一个新问题。问题可以是任意主题，但须快速回答，以增加游戏的紧张感。回答不上来的参与者被淘汰。坚持到最后的人获胜。

80. 平衡木行走

游戏规则：本游戏建议三人以上参与。设置一段窄木条或平衡板作为"平衡木"。参与者须依次走过平衡木，途中可以设置一些障碍或增加难度（如闭眼、手持物品等），最快走完且未掉落平衡木的人获胜。

81. 疯狂接力跑

游戏规则：本游戏建议六人以上参与。参与者分成几组，每组至少三人。每组须完成一系列接力任务。任务可以是跑步、跳跃、翻跟头、做俯卧撑等。最先完成所有任务的组获胜。

82. 背对背画图

游戏规则：本游戏建议四人以上参与。两个参与者为一组，背对背站立。裁判给出题目，每组中的一人通过口头描述指导另一人在画纸上作画。最后，由裁判评选出最符合题意的画作。评价最高的一组获胜。

83. 创意拍照大赛

游戏规则：本游戏建议四人以上参与。参与者分成几组，每组至少两人。每组须在限定时间内拍摄一张具有创意的照片。照片可以是幽默的、感人的、抽象的。由裁判对照片进行评价。照片评价最高的组获胜。

84. 数字迷宫逃脱

游戏规则：本游戏建议三人以上参与。参与者须在限定时间内解决一系列数字谜题（如找规律填空、数字推理等），以逃离一个虚拟或实际的"数字迷宫"，第一个解决所有数字谜题，成功逃出迷宫的人获胜。

85. 反义词速答

游戏规则：本游戏建议三人以上参与。裁判说出一个词，参与者须迅速说出它的反义词。回答错误或超时的参与者被淘汰，最后剩下的参与者获胜。为增加难度，可以设置多轮比赛，每轮反义词的难度逐渐增加。

86. 故事反转接龙

游戏规则：本游戏建议三人以上参与。参与者以接力的方式讲故事。故事开始后，每个人都要接着前一个人讲的情节往下讲故事，并反转前一个情节的结局，创造出意想不到的故事走向。最后，由裁判评选出最具创意和反转效果的故事。故事评价最高的参与者获胜。

87. 图案记忆大挑战

游戏规则：本游戏建议三人以上参与。裁判展示一张比较复杂的图案，给参与者几秒钟时间记忆，然后隐藏图案，参与者根据记忆重新绘制出图案。图案还原度最高、细节最准确的参与者获胜。

▶ 88. 迷宫寻宝

游戏规则：本游戏建议三人以上参与。准备若干个宝藏点。参与者须在限定时间内找到尽可能多的宝藏点。宝藏点可以设置简单的谜题或挑战，完成谜题或挑战后才能获得宝藏，最终找到最多宝藏的参与者获胜。

▶ 89. 瞬间逻辑判断

游戏规则：本游戏建议三人以上参与。裁判快速提出一系列逻辑问题，每个问题都有一个"是"或"否"的答案。参与者须迅速判断并回答。问题可以涉及逻辑推理、悖论、条件句等。回答错误或超时的参与者被淘汰，最后剩下的人获胜。

▶ 90. 图形变换解密

游戏规则：本游戏建议三人以上参与。裁判展示一系列图形变换的过程，但中间某个步骤被省略。参与者须根据其他步骤推断出被省略的步骤，并重建完整的图形变换过程，第一个正确重建过程的参与者获胜。

▶ 91. 数字密码锁

游戏规则：本游戏建议三人以上参与。每个参与者都会得到一个由数字加密的密码锁，以及一条能够解开数字密码的线索。参与者须根据线索破解密码，打开密码锁。第一个打开密码锁的参与者获胜。

▶ 92. 迷宫建筑师

游戏规则：本游戏建议六人以上参与。参与者分成几组，每组至少两人。每组须设计并建造一个小型迷宫。迷宫须包含多个分支、死胡同和宝藏点。最后，裁判根据迷宫的难度、创意，评选出最佳迷宫设计小组。

▶ 93. 谜语大师

游戏规则：本游戏建议五人以上参与。参与者分别在纸条上写下一个谜语，并将谜语的答案告诉裁判。游戏开始后，裁判将写有谜语的纸条汇总，并展示给所有参与者，然后参与者开始猜谜。最先猜出所有谜语的人获胜。

▶ 94. 答非所问

游戏规则：本游戏建议三人以上参与。裁判提问题，要求参与者用逆向思维来回答。例如，问题是"如何最快地到达目的地"，参与者要回答"怎样尽可能慢地到达目的地"。裁判评选出回答最有创意和深度的参与者获胜。

▶ 95. 声音拼图

游戏规则：本游戏建议四人以上参与。参与者分成若干小组，每组至少两人。每组得到一系列打乱顺序的声音片段（如电影对话、演讲片段等）。小组成员须通过合作，将这些声音片段按照正确的顺序排列，形成一个完整的故事或场景，第一个正确完成排列的小组获胜。

▶ 96. 图形推理接力

游戏规则：本游戏建议三人以上参与。裁判给出一个复杂的图形序列，每个图形之间都有一定的规律或关系。参与者须依次识别出规律，并绘制出下一个图形。如果某个参与者无法正确绘制，则被淘汰，最后一个剩下的参与者获胜。

▶ 97. 密室逃脱竞赛

游戏规则：本游戏建议四人以上参与。参与者分成几组，每组至少两人。每个小组被送入一个模拟的密室环境。密室内布满了谜题和挑战，小组须通过合作解决这些难题，找到逃脱的线索和钥匙。第一个成功逃脱的小组获胜。

▶ 98. 记忆宫殿探险

游戏规则：本游戏建议三人以上参与。裁判描述一个虚构的记忆宫殿，宫殿内有许多房间，每个房间都有特定的物品或场景。参与者须在有限的时间内记住宫殿的结构和各个房间的情况。之后，裁判会提出问题，如"第三个房间的墙上挂着什么？"回答正确次数最多的参与者获胜。

▶ 99. 逻辑辩论赛

游戏规则：本游戏建议四人以上参与。将参与者分成正反两方，围绕一个具有争议性的主题进行辩论。双方须运用逻辑和事实来支持自己的观点，并反驳对方的论点。裁判根据双方的逻辑严密性、论据充分性和辩论技巧来评分，评价高的组获胜。

▶ 100. 数字排列挑战

游戏规则：本游戏建议三人以上参与。裁判给出一系列数字，并要求参与者按照一定的规则（如升序、降序等）对这些数字进行排列。排列正确且用时最短的参与者获胜。为了增加难度，可以引入多组数字同时进行排列。

▶ 101. 故事逻辑填空

游戏规则：本游戏建议三人以上参与。裁判讲述一个不完整的故事，其中省略了一些关键情节或对话。参与者须根据故事背景和逻辑，填写这些空白部分，使得故事更加完整和连贯。填写最合理的参与者获胜。

▶ 102. 蒙眼寻宝

游戏规则：本游戏建议四人以上参与。场地中预先隐藏多个小物品（如小球、钥匙扣等）。参与者两人为一组，一个参与者戴上眼罩，通过另一个参与者的口头指示寻找这些物品。每找到一个物品，可获得相应积分，限时内积分最高的组获胜。

▶ 103. 真假故事大挑战

游戏规则：本游戏建议四人以上参与。参与者轮流讲述一个自己亲身经历或虚构的故事（提前告诉裁判是亲身经历还是虚构的）。其他参与者须猜测该故事是真实的还是虚构的。参与者如果成功骗过多数人，则获得积分；若被多数人识破，则失去积分。限时内积分最高的参与者获胜。

▶ 104. 盲人建筑师

游戏规则：本游戏建议四人以上参与。参与者两人为一组，一个参与者蒙上眼睛，根据另一个参与者的口头指示搭建积木或乐高模型。限时内，用相同材料完成最复杂、最稳固结构的组获胜。

▶ 105. 食物猜猜猜

游戏规则：本游戏建议三人以上参与。准备几种不同的食物或佐料，让参与者闭上眼睛品尝并猜测是什么食物或香料。猜对次数最多的人获胜。

▶ 106. 快速问答配对

游戏规则：本游戏建议三人以上参与。将一系列问题和答案分别写在不同的卡片上，混合后打乱顺序。参与者须快速找到匹配的问题和答案，找到最多正确组合且用时最短的人获胜。

▶ 107. 桌上足球大赛

游戏规则：本游戏建议四人以上参与。参与者使用桌上足球玩具分组对抗，在规定时间内进球最多的参与者获胜。

▶ 108. 声音节奏大师

游戏规则：本游戏建议三人以上参与。参与者须根据给定的节奏或音乐，用身体发出的声音（如拍手、跺脚）来模仿节奏。节奏最准确的参与者获胜。

▶ 109. 手势猜词

游戏规则：本游戏建议四人以上参与。参与者两人为一组，一个参与者使用手势来描述提示板上的词，另一个参与者猜测该词。限时内，猜对次数最多的组获胜。

▶ 110. 默契猜歌

游戏规则：本游戏建议四人以上参与。参与者两人为一组，一人哼唱歌曲旋律，另一人猜歌名。限时内，猜对次数最多的组获胜。

▶ 111. 词语编故事

游戏规则：本游戏建议三人以上参与。裁判给出几个不相关的词语，参与者须将这些词语编成一个有趣的故事，裁判根据故事的创意和连贯性打分。得分最高的人获胜。

▶ 112. 猜爱好游戏

　　游戏规则：本游戏建议两人以上参与。参与者两人为一组，先各自将三种爱好写到纸上交给裁判，然后通过轮流提问的方式寻找线索，缩小范围，猜测对方的爱好是什么。最快猜到对方的三种爱好是什么的人获胜。

▶ 113. 绕口令接力

　　游戏规则：本游戏建议三人以上参与。参与者围成一圈，接力说绕口令，说错或停顿时间过长的参与者被淘汰，坚持到最后的参与者获胜。

▶ 114. 闭眼听声识物

　　游戏规则：本游戏建议三人以上参与。参与者闭眼，通过听声音猜测物品（如敲击外壳发出的声音），猜对最多的人获胜。

▶ 115. 快乐连连看游戏

　　游戏规则：本游戏建议两人以上参与。参与者须翻转画有图片的卡片，并将画有相同图片的卡片叠放到一起。在规定时间内叠放最多卡片的人获胜。

116. 国宝猜猜猜挑战

游戏规则：本游戏建议两人以上参与。展示一系列国宝图片，要求参与者准确猜测国宝的名称或其背后的代表意义。猜中最多、最准确的人获胜。

117. 快速画画

游戏规则：本游戏建议四人以上参与。参与者两人为一组，在规定时间内，一个参与者须绘制出指定主题的图案，另一个参与者猜测该主题名称。猜中主题次数最多的组获胜。

118. 人名串烧接力

游戏规则：本游戏建议三人以上参与。参与者轮流说出一个人物的名字，且该名字的首字须与前一个参与者说的名字的尾字发音相同，形成串联。说不出或说错的参与者被淘汰。坚持到最后的参与者获胜。

119. 时间头脑风暴大赛

游戏规则：本游戏建议三人以上参与。由裁判出题，在限定时间内，参与者须尽可能多地列举出某一特定类别的物品、地点等，最终列举数量最多的参与者获胜。

▶ 120. 图片找差别挑战

游戏规则：本游戏建议两人以上参与。裁判展示几组相似度很高的图片，要求参与者找出每组图片之间细微的差别，找出差别最多的人获胜。

▶ 121. 隐形艺术创作

游戏规则：本游戏建议两人以上参与。参与者闭眼，仅凭触觉感知某件物品，然后进行绘画创作，绘画作品最贴近原物品的人获胜。

▶ 122. 猜谜大赛

游戏规则：本游戏建议三人以上参与。裁判准备一些谜语，让参与者轮流回答。答对的参与者得分，答错的参与者可以选择是否将谜语传给下一个参与者，限时内，最终得分最高的人获胜。

▶ 123. 抓尾巴

游戏规则：本游戏建议四人以上参与。每位参与者在腰间绑一条带子作为"尾巴"，所有参与者在规定范围内活动，要尽可能抓住别人的"尾巴"，并保护自己的"尾巴"不被抓住。最后抓到其他参与者"尾巴"最多的人获胜。

▶ 124.　传话筒

游戏规则：本游戏建议八人以上参与。参与者分成几组，每组至少四人。每组的成员坐成一圈，裁判悄悄告诉第一个人一个在日常生活中不常用的词语（如"魑魅魍魉"），整组成员依次以耳语传递给下一个人。最后一个人说出听到的词，与原句最接近的组获胜。

▶ 125.　投瓶盖

游戏规则：本游戏建议两人以上参与。参与者站在一定距离外，轮流将瓶盖投进放在地上的空桶中，投进最多次的人获胜。

▶ 126.　叠纸杯

游戏规则：本游戏建议两人以上参与。每位参与者在限时内用纸杯叠塔，叠出最高且稳固的塔的人获胜。

▶ 127.　贴鼻子

游戏规则：本游戏建议两人以上参与。参与者蒙眼旋转三圈后，尝试将鼻子贴纸贴在一张画有面部的大纸上，贴的位置最准确的人获胜。

▶ 128. 猜数字

　　游戏规则：本游戏建议两人以上参与。裁判心里想一个一到一百之间的数字，参与者轮流猜数字，裁判告知参与者猜的答案"高了"或"低了"，逐渐缩小范围，最先猜对的人获胜。

▶ 129. 报纸传球

　　游戏规则：本游戏建议六人以上参与。参与者分成几组，用报纸卷成筒传递一个小球，球掉到地上则重新开始，最先完成传递任务的组获胜。

▶ 130. 击鼓传花

　　游戏规则：本游戏建议六人以上参与。参与者围坐成一圈，音乐响起时传递一个物品，音乐停止时持有物品的参与者表演一个指定动作或接受惩罚（该游戏有趣的是过程，不分胜负）。

▶ 131. 夹弹珠

　　游戏规则：本游戏建议两人以上参与。参与者在限时内用筷子从一个碗中夹起尽量多的弹珠放到另一个碗中，夹得最多的人获胜。

▶ 132. 一分钟演讲

游戏规则：本游戏建议三人以上参与。参与者随意抽取一个话题，并在一分钟内进行演讲，裁判评分，得分最高的人获胜。

▶ 133. 吹气球

游戏规则：本游戏建议三人以上参与。每位参与者在限时内尽量多地吹气球，吹得最多的人获胜。

▶ 134. 跷跷板挑战

游戏规则：本游戏建议三人以上参与。两个参与者为一组，坐在跷跷板两端，用身体平衡，不让脚落地，保持时间最长的一组获胜。

▶ 135. 跳绳

游戏规则：本游戏建议三人以上参与。参与者在限时内跳绳，跳得最多的人获胜。

▶ 136. 叠纸飞机

　　游戏规则：本游戏建议三人以上参与。每位参与者在限时内折纸飞机，并进行投掷飞行比赛，投掷的纸飞机飞得最远的人获胜。

▶ 137. 猜眼神

　　游戏规则：本游戏建议四人以上参与。参与者两人为一组，一个参与者只露出眼睛，不能发出声音，也不能做出动作，只能用眼神表达一种情绪，另一个参与者负责猜是什么情绪。限时内猜对多的小组获胜。

▶ 138. 站立平衡

　　游戏规则：本游戏建议两人以上参与。参与者单脚站立平衡，坚持时间最长的人获胜。

▶ 139. 我能接着唱

　　游戏规则：本游戏建议三人以上参与。裁判唱一段歌，突然停下，要求参与者一人一句逐个接唱，限时内接唱正确且次数最多的人获胜。

▶ 140. 猜动物叫声

　　游戏规则：本游戏建议三人以上参与。裁判播放动物叫声，参与者猜是什么动物，猜对次数多的人获胜。

▶ 141. 纸杯吹球

　　游戏规则：本游戏建议两人以上参与。参与者用嘴对着乒乓球吹气，将乒乓球吹到一定距离外的纸杯中，最先完成的人获胜。

▶ 142. 猜电影台词

　　游戏规则：本游戏建议两人以上参与。裁判念一段经典电影台词，限时内参与者猜电影名，猜对次数多的人获胜。

▶ 143. 叠高比赛

　　游戏规则：本游戏建议两人以上参与。参与者用积木或其他物品在限时内叠高，叠得最高且不倒的人获胜。

▶ 144. 水果拼盘

游戏规则：本游戏建议四人以上参与。参与者分成几组，每组至少两人。用提供的水果制作拼盘，裁判从制作速度和美观等方面评分，得分最高的组获胜。

▶ 145. 纸船比赛

游戏规则：本游戏建议三人以上参与。参与者在限时内折纸船并进行浮水比赛，折的船浮水最久的人获胜。

▶ 146. 搭人塔

游戏规则：本游戏建议六人以上参与。参与者三人成一组，分组进行搭人塔。可以用任何形式搭人塔,但每组只能有一人身体着地。搭完后保持时间最长的组获胜。

▶ 147. 口形传词

游戏规则：本游戏建议六人以上参与。参与者分成几组，每组至少三人。每组排成一列，第一个参与者看到一个词语，用嘴形传递给后一个参与者，以此类推，直到最后一个参与者写出正确词语。限时内成功传递词语最多的组获胜。

▶ 148. 戴鼻子的小猪

　　游戏规则：本游戏建议两人以上参与。参与者戴上橡皮鼻子模拟小猪，蒙眼转三圈后摸索着找到一个特定的物品，最先找到的人获胜。

▶ 149. 猜影子

　　游戏规则：本游戏建议两人以上参与。裁判展示物品的影子图片，参与者猜是什么物品，限时内猜出正确答案且最多的人获胜。

▶ 150. 筷子夹豆

　　游戏规则：本游戏建议三人以上参与。参与者在限时内用筷子从一个碗中夹起尽量多的豆子，一次夹起最多豆子的人获胜。

▶ 151. 头顶书本

　　游戏规则：本游戏建议三人以上参与。参与者头顶一本书进行行走比赛，书不掉落且最先到达终点的人获胜。

▶ 152. 猜谜卡

游戏规则：本游戏建议三人以上参与。裁判准备一些谜题卡，参与者依次抽取谜题卡并回答，答对的参与者得分，限时内得分最高的人获胜。

▶ 153. 画龙点睛

游戏规则：本游戏建议三人以上参与。参与者蒙眼旋转三圈后，在一张画有龙但没有眼睛的纸上画眼睛，画的位置最准确的人获胜。

▶ 154. 字母接龙

游戏规则：本游戏建议五人以上参与。参与者围成圈，依次说出一个英语单词，单词的第一个字母必须是前一个人说的单词的最后一个字母（说第一个单词时例外）。无法完成的参与者被淘汰，最后剩下的人获胜。

▶ 155. 传递橙子

游戏规则：本游戏建议六人以上参与。参与者分成几组，且排成一列，每列至少三人。第一个参与者用脖子夹住橙子传递给下一参与者，不用手帮助，橙子掉落则重新开始，最先完成传递的组获胜。

▶ 156. 猜成语

游戏规则：本游戏建议三人以上参与。裁判给出一个成语的前半部分或后半部分，参与者猜出完整的成语，限时内猜出完整成语最多的人获胜。

▶ 157. 盲人抓人

游戏规则：本游戏建议六人以上参与。参与者两人为一组，一个参与者负责蒙眼抓人，另一个参与者发出声音引导，负责引导的参与者只能在有限的范围内活动，且要一边引导队友抓人，一边躲避其他参与者的抓捕。最后抓到最多人的组获胜。

▶ 158. 世界地图拼图

游戏规则：本游戏建议四人以上参与。参与者分成几组，在限时内拼完一幅世界地图拼图，最先完成的组获胜。

▶ 159. 纸杯传水

游戏规则：本游戏建议六人以上参与。参与者分成几组，每组至少三人，用纸杯传递水，传递到指定位置后测量水量，限时内传递水量最多的组获胜。

▶ 160. 系鞋带比赛

游戏规则：本游戏建议两人以上参与。准备一些松开鞋带的鞋子，参与者在限时内绑鞋带，绑好鞋带且数量最多的人获胜。

▶ 161. 猜童年照片

游戏规则：本游戏建议四人以上参与。参与者带来一张自己的童年照片，裁判将所有参与者的童年照片混在一起，每个参与者抽取一张，猜测照片中的人是谁（抽中自己的重新抽），猜对照片最多的人获胜。

▶ 162. 猜绘本

游戏规则：本游戏建议两人以上参与。裁判展示绘本的某一页或某几页，参与者猜绘本的名字，猜对绘本名字最多的人获胜。

▶ 163. 拼句子比赛

游戏规则：本游戏建议三人以上参与。参与者得到一些打乱顺序的词，要求限时内用这些词拼出完整句子，拼出句子最多且没有错误的人获胜。

▶ 164. 猜笑话

游戏规则：本游戏建议两人以上参与。裁判讲一个没有结尾的笑话，参与者猜笑话的结尾，限时内猜对笑话结尾最多的人获胜。

▶ 165. 吹乒乓球

游戏规则：本游戏建议两人以上参与。将两个大碗并排放到一起，一个碗内堆满乒乓球，另一个碗空着。参与者在限时内用嘴吹乒乓球，将乒乓球从一个碗移动到另一个碗，限时内移动乒乓球最多的人获胜。

▶ 166. 猜格子

游戏规则：本游戏建议两人以上参与。裁判在地上画若干个格子，在每个格子里写一个数字，参与者蒙眼投掷石子到格子内，再猜石子在哪个格子，限时内猜出正确格子次数最多的人获胜。

▶ 167. 穿针引线

游戏规则：本游戏建议两人以上参与。参与者在限时内用线穿针，穿成功且次数最多的人获胜。

▶ 168. 气球粘壁

　　游戏规则：本游戏建议两人以上参与。准备足够的气球和双面胶，参与者在限时内用双面胶将气球粘在墙上，粘气球最多的人获胜。

▶ 169. 猜电影

　　游戏规则：本游戏建议两人以上参与。裁判描述一部电影的情节，参与者猜电影的名字，限时内猜对电影名字最多的人获胜。

▶ 170. 传橙子

　　游戏规则：本游戏建议六人以上参与。参与者分成几组，每组至少三人，用食指和中指夹住橙子传递橙子，橙子掉落则重新开始，限时内最先完成的组获胜。

▶ 171. 气球爆破

　　游戏规则：本游戏建议两人以上参与。参与者在限时内用除了手和脚之外的身体各部位尽量多地挤爆气球，限时内挤爆气球最多的人获胜。

▶ 172. 猜颜色卡

游戏规则：本游戏建议两人以上参与。裁判展示一张颜色卡，但不让参与者看到。展示完毕后，参与者用轮流向裁判提问的方式获取关于颜色的信息，不可以直接问颜色，可以间接问是不是什么物品的颜色（如，是不是橘子的颜色？）。限时内猜对颜色最多的人获胜。

▶ 173. 跳袋鼠

游戏规则：本游戏建议三人以上参与。参与者把麻袋套在双腿上抓住，然后跳至终点，最快完成的人获胜。

▶ 174. 猜品牌

游戏规则：本游戏建议三人以上参与。裁判展示一些品牌的标志，参与者猜品牌的名称，限时内猜对品牌最多的人获胜。

▶ 175. 嘴咬水杯接力

游戏规则：本游戏建议六人以上参与。参与者分成几组，每组至少三人。每组参与者排成一列，用嘴咬住水杯传递水，最终传递水量最多的组获胜。

▶ 176. 猜笑容

游戏规则：本游戏建议三人以上参与。参与者轮流上台根据裁判的要求展示一种笑容，其他参与者猜笑容表达的情感，限时内猜对笑容表达的感情最多的人获胜。

▶ 177. 气球夹腿跑

游戏规则：本游戏建议三人以上参与。参与者用腿夹住气球进行跑步比赛，最先到达终点且气球不破的人获胜。

▶ 178. 猜童谣

游戏规则：本游戏建议三人以上参与。裁判念一首童谣，参与者猜童谣的名字，猜对次数最多的人获胜。

▶ 179. 一分钟默写

游戏规则：本游戏建议三人以上参与。裁判展示一段文字，参与者在限时内默写这段文字，默写文字最多且准确的人获胜。

▶ 180. 纸杯塔

游戏规则：本游戏建议三人以上参与。参与者在限时内用纸杯搭建高塔，搭建的纸杯高塔最稳固且最高的人获胜。

▶ 181. 猜化妆品

游戏规则：本游戏建议三人以上参与。裁判展示一些化妆品或电子产品，参与者猜其名称和用途，限时内猜对多的人获胜。

▶ 182. 手扇蜡烛

游戏规则：本游戏建议三人以上参与。参与者在一定距离外，用手对点燃的蜡烛扇风，在限时内扇灭最多蜡烛的人获胜。

▶ 183. 水果拼图

游戏规则：本游戏建议三人以上参与。裁判将若干个水果切成不同形状，然后混合到一起。参与者在限时内将水果块拼回完整状态，第一个拼完的人获胜。

▶ 184. 猜国旗

游戏规则：本游戏建议三人以上参与。裁判展示不同国家的国旗，参与者猜国旗所属国家，限时内猜对国家最多的人获胜。

▶ 185. 猜歌词

游戏规则：本游戏建议三人以上参与。裁判播放一段歌曲，参与者猜歌曲的主题，限时内猜对主题最多的人获胜。

▶ 186. 气球打结

游戏规则：本游戏建议三人以上参与。参与者在限时内尽量多地用气球打结，限时内打结最多且气球不破的人获胜。

▶ 187. 猜星座

游戏规则：本游戏建议三人以上参与。裁判描述一个星座的特征，参与者猜星座的名称，限时内猜对星座名称最多的人获胜。

▶ 188. 猜水果

　　游戏规则：本游戏建议三人以上参与。裁判描述一种水果的特征，参与者猜水果的名字，限时内猜对水果名字最多的人获胜。

▶ 189. 指压板接力

　　游戏规则：本游戏建议四人以上参与。参与者分成几组，每组至少两人，依次在指压板上走到终点，最快完成接力的组获胜。

▶ 190. 猜节日

　　游戏规则：本游戏建议三人以上参与。裁判描述一个节日的风俗，参与者猜节日的名称，限时内猜对节日名称最多的人获胜。

▶ 191. 根据气味猜物品

　　游戏规则：本游戏建议三人以上参与。裁判展示一些有特殊气味的物品（如水果、调味料等）。让参与者闻气味并猜是什么物品，限时内猜对物品最多的人获胜。

▶ 192. 猜国名

　　游戏规则：本游戏建议三人以上参与。裁判描述一个国家的特点，参与者猜国家的名称，限时内猜对国家名称最多的人获胜。

▶ 193. 猜职业

　　游戏规则：本游戏建议三人以上参与。裁判描述一个职业的工作内容，参与者猜职业的名称，限时内猜对职业名称最多的人获胜。

▶ 194. 猜动物

　　游戏规则：本游戏建议三人以上参与。裁判描述一种动物的特征，参与者猜动物的名称，限时内猜对动物名称最多的人获胜。

▶ 195. 猜文化

　　游戏规则：本游戏建议三人以上参与。裁判描述一种文化习俗，参与者猜这种习俗所属的国家或地区，限时内猜对国家或地区最多的人获胜。

▶ 196. 猜食物

　　游戏规则：本游戏建议三人以上参与。裁判描述一种食物的特征，参与者猜食物的名称，限时内猜对食物名称最多的人获胜。

▶ 197. 猜植物

　　游戏规则：本游戏建议三人以上参与。裁判描述一种植物的特征，参与者猜植物的名称，限时内猜对植物名称最多的人获胜。

▶ 198. 猜乐器

　　游戏规则：本游戏建议三人以上参与。裁判展示一种乐器，参与者猜乐器的名称，限时内猜对乐器名称最多的人获胜。

▶ 199. 猜历史人物

　　游戏规则：本游戏建议三人以上参与。裁判描述一位历史人物的事迹，参与者猜历史人物的名字，限时内猜对次数最多的人获胜。

▶ 200. 猜名画

游戏规则：本游戏建议三人以上参与。裁判展示一幅名画，参与者猜名画的名称或作者，限时内猜对最多的人获胜。

▶ 201. 猜名著

游戏规则：本游戏建议三人以上参与。裁判描述一部名著的故事情节，参与者猜名著的名称或作者，限时内猜对最多的人获胜。

▶ 202. 传递橡皮筋

游戏规则：本游戏建议六人以上参与。参与者分成几组，每组至少三人。每组参与者手持两根吸管夹住橡皮筋传递给下一人，橡皮筋掉落则重新开始，最先完成的组获胜。

▶ 203. 气球乒乓

游戏规则：本游戏建议六人以上参与。参与者分成几组，每组至少三人。每组参与者用乒乓球拍拍打气球到目标区域，最先完成的组获胜。

▶ 204. 猜童话

游戏规则：本游戏建议三人以上参与。裁判描述一个童话故事情节，参与者猜童话的名称，限时内猜对数量最多的人获胜。

▶ 205. 猜城市

游戏规则：本游戏建议三人以上参与。裁判描述一个城市的地标和特点，参与者猜城市的名称，限时内猜对城市名称最多的人获胜。

▶ 206. 猜广告词

游戏规则：本游戏建议三人以上参与。裁判念出广告词，参与者猜是什么商品的广告，限时内猜对广告最多的人获胜。

▶ 207. 写字比赛

游戏规则：本游戏建议三人以上参与。参与者在限时内写某个指定读音的同音字或词，写得最多且准确的人获胜。

▶ 208. 猜名胜

游戏规则：本游戏建议三人以上参与。主持人描述一个名胜古迹的特点，参与者猜名胜的名称，限时内猜对名胜名称最多的人获胜。

▶ 209. 猜童年物品

游戏规则：本游戏建议五人以上参与。参与者带来自己的童年物品，裁判一件一件地展示物品，除了物品所有人之外的其他参与者猜是谁的物品，限时内猜对最多的人获胜。

▶ 210. 猜角色

游戏规则：本游戏建议三人以上参与。主持人描述一个电影或电视剧角色的特点，参与者猜角色的名称，限时内猜对角色名称最多的人获胜。

▶ 211. 拼文章

游戏规则：本游戏建议三人以上参与。主持人提供一些打乱顺序的句子，参与者在限时内拼出一个完整的文章段落，最先拼出来的人获胜。

▶ 212. 猜节气

游戏规则：本游戏建议三人以上参与。主持人描述一个节气的特点，参与者猜节气的名称，限时内猜对节气名称最多的人获胜。

▶ 213. 猜器官

游戏规则：本游戏建议三人以上参与。主持人描述人体某个器官的功能和特征，参与者猜器官的名称，限时内猜对器官名称最多的人获胜。

▶ 214. 猜童年游戏

游戏规则：本游戏建议三人以上参与。主持人描述一个童年游戏的玩法，参与者猜游戏名称，限时内猜对游戏名称最多的人获胜。

▶ 215. 猜运动

游戏规则：本游戏建议三人以上参与。主持人描述一种运动的规则和特点，参与者猜此项运动的名称，限时内猜对运动名称最多的人获胜。

▶ 216. 猜电视节目

游戏规则：本游戏建议三人以上参与。主持人描述一个电视节目的特点，参与者猜节目的名称，限时内猜对节目名称最多的人获胜。

▶ 217. 猜鸟类

游戏规则：本游戏建议三人以上参与。主持人展示一种鸟类的图片，参与者猜鸟类的名称，限时内猜对鸟类名称最多的人获胜。

▶ 218. 猜节日装饰

游戏规则：本游戏建议三人以上参与。主持人描述一种节日装饰的特点，参与者猜出是哪个节日的装饰，限时内猜对节日最多的人获胜。

▶ 219. 猜天文现象

游戏规则：本游戏建议三人以上参与。主持人描述一种天文现象的特点，参与者猜现象的名称，限时内猜对天文现象名称最多的人获胜。

▶ 220. 猜电影配角

　　游戏规则：本游戏建议三人以上参与。主持人描述一部电影中故事发生地的特点，参与者猜故事发生地的名字，限时内猜对故事发生地名字最多的人获胜。

▶ 221. 气球接力

　　游戏规则：本游戏建议四人以上参与。参与者分成几组，每组至少两人。每组的成员依次用头顶着气球跑到终点，最快完成的组获胜。

▶ 222. 用勺子运乒乓球

　　游戏规则：本游戏建议三人以上参与。参与者用嘴叼着勺子，勺子上放一个乒乓球，从起点运到终点，不掉球且最快完成的人获胜。

▶ 223. 盲人击鼓

　　游戏规则：本游戏建议三人以上参与。参与者蒙住眼睛，转几圈后尝试击中前方的鼓，成功击中且击中位置最接近鼓中心的人获胜。

▶ 224. 吹气球比赛

游戏规则：本游戏建议三人以上参与。参与者在限时内尽量吹大气球，气球最大且未破的人获胜。

▶ 225. 背词接龙

游戏规则：本游戏建议三人以上参与。参与者轮流说出以指定字开头的词，不能重复，说不出来或说错的人被淘汰，最后剩下的人获胜。

▶ 226. 纸杯传递

游戏规则：本游戏建议八人以上参与。参与者分成几组，每组至少四人。每组参与者用嘴叼住纸杯传递给下一人，不用手帮助，纸杯掉落则重新开始，最快完成的组获胜。

▶ 227. 书本夹纸

游戏规则：本游戏建议三人以上参与。参与者用书本夹住一张纸，从起点运到终点，纸不掉且最快的人获胜。

▶ 228. 笑话接龙
游戏规则：本游戏建议三人以上参与。参与者轮流讲笑话，不能重复，讲不出笑话的人被淘汰，最后剩下的人获胜。

▶ 229. 纸杯吹气
游戏规则：本游戏建议两人以上参与。参与者在限时内用吹气的形式将纸杯从起点吹到终点，最快完成的人获胜。

▶ 230. 滚瓶盖
游戏规则：本游戏建议两人以上参与。参与者在限时内用勺子将饮料瓶瓶盖从一个位置滚到另一个位置，限时内滚的盖子最多的人获胜。

▶ 231. 拼字游戏
游戏规则：本游戏建议三人以上参与。准备一些字母卡片。参与者限时内用字母卡片拼出英语单词，拼得最多的人获胜。

▶ 232. 一分钟挑战

游戏规则：本游戏建议三人以上参与。参与者在限时一分钟内完成一组任务，如跳绳、折纸等，完成任务最多的人获胜。

▶ 233. 双人背靠背

游戏规则：本游戏建议四人以上参与。两人为一组，每组至少两人，参与者背靠背夹住一个物品，从起点走到终点，最快且物品不掉的组获胜。

▶ 234. 纸飞机投掷

游戏规则：本游戏建议三人以上参与。参与者在限时内折纸飞机并投掷到目标区域，限时内折纸飞机最多且命中目标区域最多的人获胜。

▶ 235. 手指传递

游戏规则：本游戏建议六人以上参与。参与者分成几组，每组至少三人，参与者用双手食指夹住一个小球做接力传递，小球掉落则重新开始，最先完成的组获胜。

▶ 236. 橡皮筋射击
游戏规则：本游戏建议三人以上参与。参与者用橡皮筋射击目标，命中目标最多的人获胜。

▶ 237. 沙包投掷
游戏规则：本游戏建议三人以上参与。参与者在限时内用沙包投掷目标，命中目标最多的人获胜。

▶ 238. 口香糖泡泡
游戏规则：本游戏建议三人以上参与。参与者在限时内尽可能吹出最大的口香糖泡泡，吹出泡泡最大的人获胜。

▶ 239. 双人跳绳
游戏规则：本游戏建议四人以上参与。两个参与者为一组，一个人负责甩绳，并和另一个人共同跳绳，跳得最多的组获胜。

▶ 240. 猜手势

游戏规则：本游戏建议四人以上参与。两个参与者为一组，一个参与者做手势描述词语，另一个参与者猜，限时内猜对最多的组获胜。

▶ 241. 背对背作画

游戏规则：本游戏建议四人以上参与。两个参与者为一组，一个参与者根据裁判要求的主题在另一个参与者的背上作画，另一个人凭感觉在纸上把画复制出来，复制最接近的组获胜。

▶ 242. 传递呼啦圈

游戏规则：本游戏建议八人以上参与。参与者分成几组，每组至少四人，且每组的参与者围成一个圈，手拉手，用身体传递呼啦圈，不松手且最快完成的组获胜。

▶ 243. 接水游戏

游戏规则：本游戏建议八人以上参与。参与者分成几组，每组至少四人，同组的参与者蒙住眼睛站成一排，每人拿一个盆子，传递水。限时内传递水最多的组获胜。

▶ 244. 速度跳格子

游戏规则：本游戏建议三人以上参与。裁判在地上画好格子，参与者按照规定顺序依次跳格子，跳完全程且用时最短的人获胜。

▶ 245. 转呼啦圈

游戏规则：本游戏建议三人以上参与。参与者在限时内转呼啦圈，限时内转呼啦圈圈数最多的人获胜。

▶ 246. 写数字比赛

游戏规则：本游戏建议两人以上参与。参与者同时用汉字书写从一到一百，以书写清晰、不出错为前提，用时最短的人获胜。

▶ 247. 障碍赛跑酷

游戏规则：本游戏建议三人以上参与。裁判在一个较空旷的场地内设置一系列障碍，参与者依次通过，用时最短的人获胜。

▶ 248. 趣味投篮

游戏规则：本游戏建议三人以上参与。参与者用不同大小的球投篮，限时内命中最多的人获胜。

▶ 249. 气球吹蜡烛

游戏规则：本游戏建议三人以上参与。参与者在一定距离外用气球中的气吹灭燃烧的蜡烛，限时内吹灭最多蜡烛的人获胜。

▶ 250. 双人跳大绳

游戏规则：本游戏建议四人以上参与。两名裁判负责甩绳，参与者两人为一组，一起跳绳，限时内跳过次数最多且不被绳绊到的组获胜。

▶ 251. 气球飞舞

游戏规则：本游戏建议三人以上参与。参与者在限时内拍打气球使其不落地，拍打次数最多的人获胜。

▶ 252. 呼啦圈竞走

游戏规则：本游戏建议三人以上参与。参与者边转呼啦圈边走，从起点到终点，最快到达终点的人获胜。

▶ 253. 气球射击

游戏规则：本游戏建议三人以上参与。参与者用玩具枪射击挂在墙上的气球，限时内命中气球最多的人获胜。

▶ 254. 手指画画

游戏规则：本游戏建议三人以上参与。参与者用手指蘸颜料在纸上画画，限时内裁判认定画得最好看、最有创意的人获胜。

▶ 255. 无声音乐剧

游戏规则：本游戏建议四人以上参与。参与者分成几组，每组至少两人。每组抽一首歌，用哑剧方式表演这首歌，其他组猜歌名，表演的歌名被其他组猜对，且猜对其他组歌名最多的组获胜。

▶ 256. 对暗号

游戏规则：本游戏建议三人以上参与。参与者围成一个圈，听到不同指令做出相应动作（如听到"天"摸头，听到"地"摸脚），反应慢或做错动作的人被淘汰，最后剩下的人获胜。

▶ 257. 饼干传递

游戏规则：本游戏建议六人以上参与。参与者分成几组，每组至少三人。每组的第一个参与者用嘴唇夹住饼干传递给下一个参与者并接力，饼干掉落则重新开始，最快完成的组获胜。

▶ 258. 水果串串烧

游戏规则：本游戏建议三人以上参与。准备一些水果片，参与者按裁判的要求，用牙签将不同的水果片穿起来，穿水果正确且用时最短的人获胜。

▶ 259. 玻璃球滚动

游戏规则：本游戏建议四人以上参与。参与者分成几组，每组至少两人，用玻璃球在斜面上滚动，通过控制斜面的倾斜度使球滚动到指定位置，最快完成的组获胜。

▶ 260. 猜手势猜数字

　　游戏规则：本游戏建议四人以上参与。参与者两人为一组，分别在背后用手势比出一个数字，然后轮流猜对方比的数字是什么。最先猜到对方比的数字的人淘汰对方。游戏持续进行，坚持到最后的人获胜。

▶ 261. 猜包装

　　游戏规则：本游戏建议两人以上参与。裁判将小礼物用包装纸包起来，参与者须轮流猜礼物是什么，猜对的人获胜，还可以获得礼物。

▶ 262. 人体结冰

　　游戏规则：本游戏建议四人以上参与。参与者分成几组，每组至少两人。每个小组的参与者须手牵手，主持人喊"结冰"，参与者们要迅速定格，保持不动，最快定格的小组获胜。

▶ 263. 建筑师

　　游戏规则：本游戏建议两人参与。参与者使用纸牌搭建结构，在限时内，搭建最高或最稳定的结构的小组获胜。

▶ 264. 速记故事

游戏规则：本游戏建议四人以上参与。在限时内，参与者轮流快速讲述一个故事，其他参与者要尽可能快地记录下故事内容。记录的故事最接近原版的人获胜。

▶ 265. 猜物品用途

游戏规则：本游戏建议三人以上参与。裁判展示一些不常见的物品的图片，参与者须猜测这些物品的用途。可以设置时间限制，也可以轮流提问。最终猜中物品用途最多的人获胜。

▶ 266. 数独挑战

游戏规则：本游戏建议两人以上参与。裁判提供数独谜题，参与者须在限时内完成。完成最快且正确的人获胜。

▶ 267. 假设问答

游戏规则：本游戏建议三人以上参与。裁判提出一个问题，同时给出一个关键词，在限定时间内，参与者回答问题，答案既要符合逻辑，又要包含关键词。做不到的人被淘汰，限时内能按照游戏规则回答问题最多的人获胜。

▶ **268. 猜物品数量**

游戏规则：本游戏建议三人以上参与。裁判预先将一定数量的物品（如棋子、扑克牌等）放在一个容器中，参与者须猜测容器中物品的总数量。猜的数字最接近的人获胜。

▶ **269. 猜物品材质**

游戏规则：本游戏建议三人以上参与。将一些物品放在桌上，参与者须蒙住眼触摸物品并猜测它们是由什么材料制成的，猜得正确且用时最短的人获胜。

▶ **270. 因为所以**

游戏规则：本游戏建议四人以上参与。第一位参与者说一个因果关系的句子。比如，"因为天气好，所以出门去钓鱼呀！"第二位参与者根据第一位的句子也说一个因果关系的句子。比如，"因为去钓鱼，所以戴帽子呀。"以此类推，每一位参与者都要接着前面人的话说出有因果关系的句子。句子必须有逻辑性，十秒钟接不上即为失败，坚持到最后的人获胜。

▶ 271. 泡泡糖

游戏规则：本游戏建议四人以上参与。裁判喊"泡泡糖"参与者要回应"粘什么"，裁判喊出身体的某个部位，参与者就要两人一组互相接触裁判喊出的部位。比如，裁判说脸蛋，那么台上的人就要把脸蛋贴到一起，做不到的人被淘汰，坚持到最后的人获胜。

▶ 272. 快乐呼啦圈

游戏规则：本游戏建议三人以上参与。参与者一边摇着呼啦圈，一边用绳子穿过手中的别针，呼啦圈不掉落且先穿够十枚别针的人获胜。

▶ 273. 动作接龙

游戏规则：本游戏建议四人以上参与。参与者两两一组开始比试。由第一个参与者先做一个动作，另一个参与者跟着做，然后再加上自己的一个新动作，第一个参与者也跟着做，以此类推！两人互相模仿，跟不上的人被淘汰，坚持到最后的人获胜。

▶ 274. 集体造句

游戏规则：本游戏建议六人以上参与。参与者分成几组，每组至少三人。游戏开始后，每组的第一个参与者随意在一张纸上写一个字，然后将笔和纸传给第二个参与者，第二个参与者补充一个字后，再将纸交给第三个参与者，直到传递完所有的参与者（如果人数少，可以循环传递多轮），最后纸张上的字要恰好能组成一个句子。做不到的小组被淘汰，坚持到最后的小组获胜。

▶ 275. 抛绣球

游戏规则：本游戏建议四人以上参与。准备足够的气球和筐，参与者两人为一组，相互配合，一人背筐，一人投球。背筐的人努力接住投来的球，限时内接球最多的组获胜。

▶ 276. 挤眉弄眼

游戏规则：本游戏建议两人以上参与。参与者将一枚硬币放在眉心之间，不允许用手，只能靠自己的脸部肌肉使硬币移动，让硬币移动到嘴边，中途硬币掉落就被淘汰。最先咬住硬币的人获胜。

▶ 277. 共渡难关

游戏规则：本游戏建议四人以上参与。参与者两人为一组，一个参与者蒙上眼睛，另一个参与者负责指路。蒙眼的参与者背着指路的参与者从起点绕过障碍物到达终点，速度最快的小组获胜。

▶ 278. 花式吃葡萄

游戏规则：本游戏建议两人以上参与。准备一串葡萄，悬挂起来。参与者蒙上眼睛，原地旋转几圈，然后摸索着去吃葡萄，吃到葡萄且用时最短的人获胜。

▶ 279. 我说你做

游戏规则：本游戏建议三人以上参与。所有参与者站成一排，统一听裁判口令，按要求做动作。做错动作或反应最慢者淘汰，坚持到最后的人获胜（比如，举起左手，同时抬起右脚；左脚在前，右脚在后，同时左手摸右耳朵）。

▶ 280. 釜底抽薪

游戏规则：本游戏建议两人以上参与。裁判用积木堆起一个金字塔，参与者轮流从金字塔上一块一块地抽积木（不许拿最上面的一块），谁把金字塔弄倒了，谁就输了。坚持到最后未弄倒金字塔的人获胜。

▶ 281. 反向问答
. . . .

　　游戏规则：本游戏建议三人以上参与。裁判给出一个主题（比如"动物"），参与者须用包含主题的反问句来回答（比如"老虎是不是动物？"），如果参与者十秒内没有说出反问句，则被淘汰，坚持到最后的人获胜。

▶ 282. 快速捡球
. . . .

　　游戏规则：本游戏建议三人以上参与。在场地上撒满小球，参与者须用规定的工具（比如筷子），在限定时间内捡起小球，捡得最多的人获胜。

▶ 283. 随机搭配
. . . .

　　游戏规则：本游戏建议三人以上参与。参与者分成几组，每组至少两人。每组随机抽取几种材料（如纸、绳子、胶水），须在限定时间内完成一件创意作品，最后由裁判选出最佳作品，其制作小组获胜。

▶ 284. 传递危险

游戏规则：本游戏建议六个人参与。参与者分成几组，每组至少三人。每组成员要在不使用手的情况下，传递一个球，球落下的小组被淘汰，坚持到最后的小组获胜。

▶ 285. 迷你高尔夫

游戏规则：本游戏建议两人以上参与。在场地上设置迷你高尔夫球场，参与者须在规定次数内，用小棍将球打入洞中，用最少的击球次数完成的人获胜。

▶ 286. 笔画挑战

游戏规则：本游戏建议两人以上参与。裁判用手指在空气中勾画出一个字，参与者须猜出是什么字，猜对的参与者得分。最后得分最高的人获胜。

▶ 287. 建筑大师

游戏规则：本游戏建议两人以上参与。参与者用纸和胶水建造出一座桥，建造承重最高的桥的人获胜。

▶ 288. 消失的物品

　　游戏规则：本游戏建议两人以上参与。裁判在桌上放置一些物品，参与者观察二十秒后，裁判悄悄将其中的一个物品拿走，再将剩余物品顺序打乱，参与者在最短时间内说出缺少的物品是什么，准确率最高的人获胜。

▶ 289. 模拟电话挑战

　　游戏规则：本游戏建议两人以上参与。参与者分为一组，一人扮演打电话的人，另一人扮演接电话的人。打电话的人要假设一个情景，接电话的人要迅速融入情景中，做出正确的反应。如果反应不对，即被淘汰。如果反应正确，则交换身份，扮演打电话的人。如此循环，直到决出获胜者。

▶ 290. 脑筋急转弯大赛

　　游戏规则：本游戏建议两人以上参与。提出脑筋急转弯问题，参与者须在有限时间内回答，答对的得分，答错的不得分，答对最多的人获胜。

▶ 291. 抽象画

游戏规则：本游戏建议三人以上参与。裁判用非传统的方式（比如手指、海绵）画出一幅图画，参与者猜画的主题，猜对的人得分，限时内得分最高的人获胜。

▶ 292. 盲盒编故事

游戏规则：本游戏建议三人以上参与。参与者随机抽取一个盲盒，盒子里放有各种小物品。每人用抽到的物品编一个故事，裁判认定故事最有趣的人获胜。

▶ 293. 瓶子翻转

游戏规则：本游戏建议两人以上参与。每位参与者须将一个空瓶子抛起并让它落回立起，未能成功则要继续尝试。抛起并成功立起且用时最短的人获胜。

▶ 294. 不可思议的道具

　　游戏规则：本游戏建议三人以上参与。裁判展示一个日常物品，参与者用表演的方式展示该物品的三个意想不到的用途，裁判评定出表演得最有创意的人获胜。

▶ 295. 猜画画

　　游戏规则：本游戏建议三人以上参与。裁判在黑板上作画，一次画一笔。参与者猜裁判画的是什么，最早猜出裁判画的是什么的人获胜。

▶ 296. 迷你健身挑战

　　游戏规则：本游戏建议三人以上参与。参与者须在规定时间内完成一系列简单的健身动作（比如俯卧撑、深蹲），完成动作最多的人获胜。

▶ 297. 笑话接力

　　游戏规则：本游戏建议四人以上参与。参与者须在不笑的情况下传递一个笑话，忍不住笑出声的参与者被淘汰，始终能保持平静的人获胜。

▶ 298. 说反话游戏

游戏规则：本游戏建议三人以上参与。裁判说出一个简单的句子，参与者须迅速说出相反意思的句子，无法及时回应或说错的人被淘汰，限时内说句子最多的人获胜。

▶ 299. 电影配音大赛

游戏规则：本游戏建议三人以上参与。裁判播放一段静音的电影片段，参与者须为其即兴配音，裁判评出的最具创意和搞笑的配音的参与者获胜。

▶ 300. 五秒钟列举大赛

游戏规则：本游戏建议三人以上参与。裁判随机提要求，要求参与者迅速列出五种物品（比如"说出五种水果"），参与者要迅速回答完毕，否则被淘汰，限时内回答问题最多的人获胜。

▶ 301. 添一笔变新字

游戏规则：本游戏建议三人以上参与。裁判提供一个简单的字（如"大"字），参与者在裁判提供的字的基础上添加一笔，使它变成一个新字（如"天""太""夭"等）。限时内通过添加一笔变化出最多新字的人获胜。出现平局的情况可以加赛，直到决出胜负。

烧脑趣味游戏

1. 中国的哪片"海"去过的人最多?

2. 如果煮熟一个鸡蛋需要四分钟,那么煮熟五个鸡蛋需要几分钟?

请回答:

请回答:

----

3. 小兰为什么能用灌黑墨水的钢笔写出红字呢?

请回答:

- -

- -

- -

4. 什么东西的嘴里没有舌头?

请回答:

- -

- -

- -

5. 什么样的腿最长?

请回答:

- -

- -

- -

6. 哪里的人是不用电的?

请回答:

- -

- -

- -

7. 什么东西明明是你的，往往却是别人在用？

请回答：

- -
- -
- -

8. 你姨父的姐姐的堂弟的表哥的爸爸是你的什么人？

请回答：

- -
- -
- -

9. 小华在家里，和谁的长相最像？

请回答：

- -
- -
- -

10. 什么蛋打不烂，煮不熟，不能吃？

请回答：

- -
- -
- -

11. 火车由北京到上海需要六个小时，行驶三个小时后，火车该在什么地方？

请回答：

- -

- -

- -

12. 时钟什么时候不会走？

请回答：

- -

- -

- -

13. 书店里买不到什么书？

请回答：

- -

- -

- -

14. 什么水永远用不完？

请回答：

- -

- -

- -

15. 什么车子寸步难行？

请回答：

- -

- -

- -

16. 什么人始终不敢洗澡？

请回答：

- -

- -

- -

17. 哪个月有二十八天？

请回答：

- -

- -

- -

18. 什么酒不能喝？

请回答：

- -

- -

- -

19. 什么蛋中看不中吃？

请回答：

- -

- -

- -

20. 打什么东西，不必花力气？

请回答：

- -

- -

- -

21. 什么门永远关不上？

请回答：

- -

- -

- -

22. 船边挂着软梯，离海面两米，海水每小时上涨半米，几个小时后海水能淹没软梯？

请回答：

- -

- -

- -

23. 汽车在右转弯时，哪一条轮胎不转？

请回答：

- -

- -

- -

24. 什么样的腿最短？

请回答：

- -

- -

- -

25. 一头公牛加一头母牛，猜三个字？

请回答：

- -

- -

26. 什么样的轮子只转不走？

请回答：

- -

- -

27. 什么东西一天到晚都在转？

28. 中国人最早的姓氏是什么？

请回答：

请回答：

----

29. 铁放到外面要生锈，那金子呢？

30. 在什么时候1+2不等于3？

请回答：

请回答：

----

31. 两个人分五个苹果，怎么分最公平？

请回答：

- -
- -
- -

32. 一只凶猛的饿猫，看到老鼠，为何拔腿就跑？

请回答：

- -
- -
- -

33. 动物园中，大象的鼻子最长，谁的鼻子第二长？

请回答：

- -
- -
- -

34. 一个人在沙滩上行走，回头为什么看不见自己的脚印？

请回答：

- -
- -
- -

35. 什么动物你打死了它，却流了你的血？

请回答：

----

36. 两对父子去买帽子，为什么只买了三顶？

请回答：

----

37. 大雁为什么要飞到南方过冬？

请回答：

----

38. 小张走路脚从不沾地，这是为什么？

请回答：

----

39. 什么时候有人敲门，你绝不会说请进？

请回答：

----

40. 世界上最小的岛是什么岛？

请回答：

----

41. 什么东西有脚却不能走路？

请回答：

----

42. 什么牛不会吃草？

请回答：

----

43. 一到十的数字中，哪个数字最懒惰，哪个数字最勤奋？

请回答：

----

44. 什么人的工作整天忙得团团转？

请回答：

----

45. 小明晚上看文艺表演，为什么有一个演员总是背对着观众？

请回答：

----

46. 逛商场时，小刚问小强："我用口红砸你的头，你用眉笔戳我的头。请问，是谁的头最疼？"

请回答：

----

47. 白鸡和黑鸡哪只鸡更厉害？

请回答：

----

48. 你问别人什么问题，别人老
是回答"没有"？

请回答：

----

49. 什么蛇的寿命最长？

请回答：

----

50. 一只蚂蚁居然从四川爬到了
东京，可能吗？

请回答：

----

51. 把梦变成现实的第一步是什么?

请回答:
- -
- -
- -

52. 什么东西人们都不喜欢吃?

请回答:
- -
- -
- -

53. 有人跟阿丹说她的衣服没扣扣子,她却不在意,这是为什么?

请回答:
- -
- -
- -

54. 小刘是个很普通的人,为什么他能一连十几个小时不眨眼睛?

请回答:
- -
- -
- -

55. 冰变成水最快的方法是什么?

请回答:

- - - - - - - - - - - - - - - - - - - -

- - - - - - - - - - - - - - - - - - - -

- - - - - - - - - - - - - - - - - - - -

56. 有一个人一年才上一天班,却又不用担心被解雇,这个人是谁?

请回答:

- - - - - - - - - - - - - - - - - - - -

- - - - - - - - - - - - - - - - - - - -

- - - - - - - - - - - - - - - - - - - -

57. 什么瓜不能吃?

请回答:

- - - - - - - - - - - - - - - - - - - -

- - - - - - - - - - - - - - - - - - - -

- - - - - - - - - - - - - - - - - - - -

58. 十二个人按五人的队形排列,排成三行,该怎样排?

请回答:

- - - - - - - - - - - - - - - - - - - -

- - - - - - - - - - - - - - - - - - - -

- - - - - - - - - - - - - - - - - - - -

59. 有个字，人人都会念错，这是什么字？

请回答：

- -

- -

- -

60. 什么车子寸步不动？

请回答：

- -

- -

- -

61. 什么比赛，赢的人得不到奖励，输的人却有奖励？

请回答：

- -

- -

- -

62. 什么时候太阳会从西边出来？

请回答：

- -

- -

- -

63. 一只饿猫从一只胖老鼠身旁走过，为什么饿猫竟无动于衷地走了，看都没看胖老鼠？

请回答：

----

64. 什么纸一般人买不起？

请回答：

----

65. 一个盒子有几个边？

请回答：

----

66. 什么东西有翅膀却不能飞？

请回答：

----

67. 什么东西有嘴巴却不能说话？

请回答：

----

68. 什么东西有耳朵却听不到声音？

请回答：

----

69. 什么东西有尾巴却不是动物？

请回答：

----

70. 什么东西越洗越脏？

请回答：

----

71. 什么人生病从来不看医生？

请回答：

----

72. 什么床不能睡？

请回答：

----

73. 什么帽子不能戴？

请回答：

----

74. 什么水不能喝？

请回答：

----

75. 什么东西越生气，它越大？

请回答：

----

76. 什么东西有头无尾？

请回答：

----

77. 什么光会给人带来痛苦？

请回答：

----

78. 什么动物天天熬夜？

请回答：

----

79. 什么东西越多越可怜？

请回答：

- -

- -

- -

80. 什么东西会越擦越小？

请回答：

- -

- -

- -

81. 什么海不产鱼？

请回答：

- -

- -

- -

82. 什么东西只能加不能减？

请回答：

- -

- -

- -

83. 什么房子不能住人？

请回答:

- - - - - - - - - - - - - - - - - - - -

- - - - - - - - - - - - - - - - - - - -

- - - - - - - - - - - - - - - - - - - -

84. 什么布剪不断？

请回答:

- - - - - - - - - - - - - - - - - - - -

- - - - - - - - - - - - - - - - - - - -

- - - - - - - - - - - - - - - - - - - -

85. 什么东西越分享越多？

请回答:

- - - - - - - - - - - - - - - - - - - -

- - - - - - - - - - - - - - - - - - - -

- - - - - - - - - - - - - - - - - - - -

86. 什么车子没有方向盘却能开？

请回答:

- - - - - - - - - - - - - - - - - - - -

- - - - - - - - - - - - - - - - - - - -

- - - - - - - - - - - - - - - - - - - -

87. 什么东西倒过来后会有所增加？

请回答：

- -

- -

- -

88. 什么东西天气越热，爬得越高？

请回答：

- -

- -

- -

89. 什么东西没有舌头，却能吃东西？

请回答：

- -

- -

- -

90. 什么东西越剪越大？

请回答：

- -

- -

91. 什么东西没脚却能走天下？

请回答：

- -

- -

- -

92. 什么东西越旧越好？

请回答：

- -

- -

- -

93. 什么东西打破了才能用？

请回答：

- -

- -

- -

94. 什么东西明明是圆的，但大家都说它是方的？

请回答：

- -

- -

- -

95. 什么东西越洗越黑？

请回答：

- -

- -

- -

96. 什么东西闭上眼睛才能看见？

请回答：

- -

- -

- -

97. 什么东西有手没有脚？

请回答：

- -

- -

- -

98. 什么东西越站越短？

请回答：

- -

- -

- -

99. 什么东西越晒越湿？

请回答：
- -
- -
- -

100. 什么东西打破了，大家都叫好？

请回答：
- -
- -
- -

101. 什么东西能载得动千斤，却载不动一粒沙？

请回答：
- -
- -
- -

102. 什么海最大？

请回答：
- -
- -
- -

103. 什么人可以永远无忧无虑?

请回答:

----

104. 什么东西见者有份?

请回答:

----

105. 什么船从来不下水?

请回答:

----

106. 什么笔不能写?

请回答:

----

107. 什么东西越大越没有用？

请回答：

----

108. 什么东西明明在眼前，却看
不到？

请回答：

----

109. 什么东西满屋走，却碰不
倒物体？

请回答：

----

110. 什么东西穿过了你的皮肤，
你却不觉得疼？

请回答：

----

111. 什么东西抓不住但摸得到？

请回答：

----

112. 什么东西越洗越小？

请回答：

----

113. 什么东西越多越看不见？

请回答：

----

114. 什么东西有眼睛却看不见？

请回答：

----

115. 什么东西你越是想它，越得不到它？

请回答：

- -

- -

- -

116. 什么东西越擦越脏？

请回答：

- -

- -

- -

117. 什么东西永远追不到？

请回答：

- -

- -

- -

118. 什么东西只会偶尔出现？

请回答：

- -

- -

- -

119. 什么东西越剪越短，但能再长出来？

请回答：

- -

- -

- -

120. 什么东西越说越真，但其实是假的？

请回答：

- -

- -

- -

121. 什么东西永远等不到头？

请回答：

- -

- -

- -

122. 什么东西难吃，却又不得不吃？

请回答：

- -

- -

- -

123. 什么东西越涂越黑，但却有很多人喜欢?

请回答:

----

124. 什么东西工作的时候一只脚站着，一只脚走?

请回答:

----

125. 什么照片看不出照的人是谁?

请回答:

----

126. 田地里有一群牛，又来了一群牛，现在有几群牛?

请回答:

----

127. 什么药永远缺货？

请回答：

----

128. 什么地方禁止说笑话？

请回答：

----

129. 用什么办法能让眉毛长在眼睛下面？

请回答：

----

130. 借什么可以不用还？

请回答：

----

131. 什么东西最容易满足？

请回答：

- -

- -

- -

132. 你觉得是太阳叫公鸡起床，还是公鸡叫太阳起床？

请回答：

- -

- -

- -

133. 五成熟的牛排从来不理八成熟的牛排，为什么？

请回答：

- -

- -

- -

134. 卡车司机撞到一个骑摩托车的人，卡车司机受伤很重，骑摩托车的人却没事，为什么？

请回答：

- -

- -

- -

135. 小张在一间没有上锁的房间里，使出了吃奶的力气也没能把门拉开，这是为什么？

请回答：

136. 有一头脑袋朝北的牛，它向右原地转三圈，然后向后原地转三圈，这时候牛的尾巴朝向哪里？

请回答：

137. 为什么有家医院从来不给人看病？

请回答：

138. 同桌的两个同学交了一模一样的考卷，老师却很肯定他们没有作弊，为什么？

请回答：

139. 为什么说蚕宝宝都很有钱？

请回答：

- -
- -
- -

140. 什么东西比乌鸦还讨厌？

请回答：

- -
- -
- -

141. 什么人明明身体很健康，
却天天去看病？

请回答：

- -
- -
- -

142. 世界上的大富豪们是靠什么
吃饭的？

请回答：

- -
- -
- -

143. 东东把闹钟弄坏了，妈妈为什么让不会修理钟表的爸爸来代为修理？

请回答：

- -

- -

- -

144. "先天"是指父母的遗传，那么"后天"是指什么？

请回答：

- -

- -

- -

145. 什么地方可以大也可以小？

请回答：

- -

- -

- -

146. 刚出生的小宝宝的牙齿是什么颜色？

请回答：

- -

- -

- -

147. 什么东西连放大镜都没办法放大?

请回答:

----

148. 什么鸡没有翅膀?

请回答:

----

149. 白天没法开什么车?

请回答:

----

150. 什么情况下只能用右眼看东西?

请回答:

----

151. 老张一天要刮四五十次脸，脸上却仍有胡子，这是为什么？

请回答：

----

152. 有种动物，大小像只猫，长相又像虎，这是什么动物？

请回答：

----

153. 世界上什么东西比天还高？

请回答：

----

154. 如果有机会移民，有一国大家都不会考虑，是哪一国？

请回答：

----

155. 小丽是个心直口快的人，什么事情会让她吞吞吐吐的？

请回答：

- - - - - - - - - - - - - - - - - -

- - - - - - - - - - - - - - - - - -

- - - - - - - - - - - - - - - - - -

156. 9月28日是孔子的诞辰，那么10月28日是什么日子？

请回答：

- - - - - - - - - - - - - - - - - -

- - - - - - - - - - - - - - - - - -

- - - - - - - - - - - - - - - - - -

157. 青蛙为什么跳得比树高？

请回答：

- - - - - - - - - - - - - - - - - -

- - - - - - - - - - - - - - - - - -

- - - - - - - - - - - - - - - - - -

158. 盆里有五个包子，五个小朋友每人分到一个，但盆里还剩一个，为什么？

请回答：

- - - - - - - - - - - - - - - - - -

- - - - - - - - - - - - - - - - - -

- - - - - - - - - - - - - - - - - -

159. 不小心把针掉进了海里，该怎么办呢？

请回答：

- -

- -

- -

160. 什么池里没有水？

请回答：

- -

- -

- -

161. 新华字典有几个字？

请回答：

- -

- -

- -

162. 什么人总是做白日梦？

请回答：

- -

- -

- -

163. 什么火看不见？

请回答：

----

164. 第二天要考试了，小明前一晚把英语单词背得滚瓜烂熟，考完试却没有成绩，为什么？

请回答：

----

165. 水在什么时候会倒流？

请回答：

----

166. 为什么巧克力和鸡蛋打架，总是巧克力赢？

请回答：

烧脑解谜游戏

▶ 1. 电梯之谜

　　有个老太太住在十二楼。下雨或者有其他人在电梯里的时候，

她会直接坐到第十二层；晴天或者没其他人在电梯里的时候，她会

坐到第八层，然后走四层楼回家。请问这是为什么？

请写下来：

▶ 2. 说谎的小远

中国北方某市发生了一起命案，犯罪嫌疑人被锁定为小远。警察问小远："昨天晚上十点左右你在哪里？"

"我在钓鱼，应该是在河流的南岸，就是那条流向西边的河流，昨晚月亮的倒影很美，我记得很清楚。"小远答。

"你在说谎。"警察说。

警察为什么说小远在说谎？

请写下来：

▶ 3. 被盗的名画

　　博物馆的一幅名画被盗，侦探老乔前去破案，他发现这幅画被人割下带走了，只留下固定在墙上的画框，画框上还有黏黏的污迹，一只蚂蚁被粘在了上面。

　　老乔询问博物馆管理员小梁："昨天闭馆前谁是最后离开的？"

　　小梁拿着手帕擦了擦额头上的汗，笑着说："这个我不清楚。"

　　"可以把你的手帕给我看一下吗？"老乔接着说。

　　小梁把手帕递给老乔，老乔舔了舔污迹，说："看来你昨天应该接近过这幅名画。"

　　老乔为什么这么说？

请写下来：

▶ 4. 这不是第一案发现场

　　海边的沙滩上发现了一名受害人，她的一只鞋子掉在离她尸体三米远的地方，法医验尸后说："受害人已经死亡二十个小时以上了。"

　　警长思索一番后推断，这不是第一案发现场。

　　你知道警长这么推断的原因是什么吗？

请写下来：

▶ 5. 撒谎的管家

　　侦探老乔来到一处命案现场，查找富翁离世的原因。管家说："我晚上在楼下散步时，看到老爷在十楼的卧室里踢掉小凳子上吊了。"

　　侦探老乔笑着说："你在撒谎。"

　　你知道侦探老乔是怎么发现管家撒谎的吗？

请写下来：

6. 老王撒谎了

昨天晚上，家住王家村的小丽的首饰丢了。侦探老乔前去破案，老乔问小丽的邻居老王："你昨天晚上在哪？"

"昨天晚上我在家看鸭子孵蛋。"老王答。

"你在撒谎，请你说实话。"老乔说。

侦探老乔为什么这么说？

请写下来：

7. 银子变李子

一位财主要出远门，他把家里的银子全部装在罐子里交给亲戚保管，并且告诉亲戚里面放的是李子。

后来，财主在路上被土匪抓住，过了两年才逃回来。

财主回来后发现罐子里的银子没有了，里面只有李子。亲戚否认罐子里有银子，财主无奈之下揪着亲戚去见官。县太爷听完财主的控诉后，很快就判了让亲戚归还银子，这是为什么？

请写下来：

▶ 8. 草丛里的命案

一位受害人躺在草丛里，他的右手打着石膏，额头上受了重伤，双腿也骨折了，身边扔着半瓶毒药，种种迹象似乎显示他是服毒自杀的。警察从他的右口袋搜出了一包烟和一个打火机，除此之外受害人全身上下没有任何东西。

警察思索一番后说："他大概率不是自杀的。"

警察为什么这么说？

请写下来：

▶ 9. 凶器在哪

一个受害人倒在客厅，警长在现场找不到刺伤他的凶器，有人说可能是凶手带走了。警长看了看受害人胸前的水迹，忽然说："我知道凶器在哪。"

警长为什么这么说？

请写下来：

10. 行凶的宠物

小刘将他的宠物狗交给小王保管后，就出远门去旅行了。十天后，警察发现小王死在了家里，是被狗咬死的，死的时候小王手里还握着手机，通话记录显示当时小刘正在给小王打电话。

警察立即决定抓捕犯罪嫌疑人小刘。

请问警察是怎么判断的？

请写下来：

11. 聪明的警察

劫匪绑架了富翁的女儿，前来办案的警察出主意说："让劫匪拍一张你女儿看着相机镜头的照片，证明你的女儿还活着。"

富翁照办，劫匪拍了照片发过来，警察立刻拿走了照片，之后很快确定了劫匪的大致长相。

请问警察是怎么做到的？

请写下来：

▶ 12. 说不清的死因

　　一个人死在了沙漠中，在死者身边有七八个行李箱，同时死者手中捏着半根火柴……

　　请问死者的死因是什么？

请写下来：

▶ 13. 神秘中毒案

　　一位爱吃冰激凌的女士被发现二氧化碳中毒身亡，可是她的房间里根本没有炉子。在她的脚边，放着一个篮子，篮子里有一大堆已经融化了的冰激凌。

　　请问她为什么会中毒？

请写下来：

▶ 14. 谁穿了红色衣服

　　　　小红、小绿和小蓝分别穿着红色、绿色和蓝色的衣服。

　　　　小蓝说："我们的名字和衣服颜色没有相符的！"

　　　　"真奇怪！"穿绿衣服的人说。

　　　　请问谁穿了红色衣服？

请写下来：

▶ 15. 复活的劫匪

　　　　一位动物园的管理员下班回家，路遇三个劫匪，他掏出枪将他们一一放倒，结果警察来了后这些人竟然又都复活了，请问这是为什么？

请写下来：

▶ 16. 消失的现金

　　一名劫匪躲在街边的邮筒后面观察旁边的便利店，随后伺机抢走了便利店的现金，结果没跑出去多远就被警察抓住了。奇怪的是，他身上竟然没有现金，更奇怪的是，几天后这名劫匪竟然收到了消失的现金，请问这是为什么？

请写下来：

▶ 17. 被移动的受害人

　　台风过后，街边发现了一名头戴太阳帽的受害人，种种迹象表明死于他杀，且死亡时间在台风发生时。警长看了一眼现场后立刻推断，尸体所在的地方可能不是第一案发现场。

　　请问这是为什么？

请写下来：

奇怪的枪击案

汽车旅馆里传来两声枪声，旅馆的前台人员闻声而来，发现一名住宿者倒在了血泊之中。闻讯而来的警长观察了一下现场后断定这名住宿者是自杀，管理员却说一个人不可能死亡之后再打自己一枪，他们谁说的对？

请写下来：

▶ 19. 办公室纵火案

会计的办公室着火了，老板问会计："怎么回事？"

会计说："电路着火了，幸好我用水扑灭了，不过账本却不幸被烧了。"

老板随即将会计送去了警局，这是为什么？

请写下来：

▶ 20. 中奖骗局

一个骗子在街边摆摊，对路过的人说："这里有三个罐子，其中一个罐子里的纸条上写着中奖，只要抽到中奖的纸条，就给你五万块钱。"

实际上三个罐子里的纸条都没有写中奖，但是一位路人却逼得骗子不得不承认其中一个罐子里的纸条上写着中奖，这是为什么？

请写下来：

▶ 21. 蹩脚的骗术

一位被晒得满脸古铜色的淘金者在酒吧里对旁边的人说："我在戈壁滩上发现了金子，为此我奔波了两个多月，这段时间连洗澡都顾不上，胡子也没时间刮。你瞧，我这胡子还是昨天回来才刮的。"

话音刚落，旁边的人笑着说："你的骗术还有待提高。"

他为什么这么说呢？

请写下来：

▶ 22. 凶手是谁
··

　　客栈里发生了命案，一位书生被污蔑为凶手，县太爷却表示书生不是凶手。之后，他喊来客栈的厨子、店小二、帮工，每晚分别留下一人住在县衙，等第二天放这个人回去的时候，县太爷便偷偷派人跟踪对方。三天后，县太爷说他已经搞清楚了谁是凶手。

　　你知道县太爷是怎么搞清楚的吗?

请写下来:

▶ 23. 汽车修理店盗窃案
··

　　汽车修理店发生了盗窃案，警察将前两天来过的四位顾客都传唤到警局，一一询问。四位顾客都表示自己没有作案动机，其中一位聋哑人比画了半天，警察终于明白他的意思是自己没有盗窃动机。这时一个警察说:"那你们都回去吧。"四位顾客全都起身准备离开。这时警察却忽然说:"我已经知道你们中谁是罪犯了。"

　　警察是怎么知道的?

请写下来:

▶ 24. 不在场证明里的破绽

犯罪嫌疑人杀害屋主后，却有完美的不在场证明，当时警察刚好给犯罪嫌疑人家里打过电话，犯罪嫌疑人虽然没接到电话，却在几分钟之内就用家里的固定电话回了一个电话。警察在看完犯罪嫌疑人家中每一处的固定电话之后，发现了破绽。

请问破绽是什么？

请写下来：

▶ 25. 雪地里的凶杀案

警察在雪地里发现了一位受害人，雪地里除了受害人的脚印没有其他人的脚印，不过倒有一些奇奇怪怪的孔洞。警察看过后，表示只需要去附近的人家里搜一种物品，就能锁定凶手的范围。

请问要搜的是什么物品？

请写下来：

▶ 26. 被逮捕的皮特

一位电影明星死在了家里，报案人是路过的皮特，皮特对警察说："我路过他家的别墅，看到有人倒在客厅，我走近别墅，擦掉了别墅窗户玻璃上的水雾，这才看见他死了。"

警察听完，二话不说就逮捕了皮特。

你知道是为什么吗？

请写下来：

▶ 27. 消失的王老板

王老板要出远门去做生意，约了一个发小开车送他去机场。几个小时后，发小忽然出现在王老板家门口，边敲门边问："弟妹，你知道王哥去哪了吗？不是说今天要我送他去机场吗？"

警察听完王老板发小的陈述，当即逮捕了他。

你知道是为什么吗？

请写下来：

▶ 28. 恶毒的王后

王后嫉妒公主的美貌，想要谋害公主，但却惧怕国王追究，因此她想了一个可以摆脱嫌疑的办法。晚宴的时候，王后将一个苹果切开，递给公主半个苹果，给自己留下另外一半苹果。两个人吃下苹果后，王后没事，公主却一命呜呼。国王找了很久都没有找到下毒的嫌疑人，宫廷里的厨子却说："是王后害死了公主，我知道王后是怎么下的毒。"

厨子知道些什么？

请写下来：

▶ 29. 被偷走的珠宝

一位富翁担心珠宝被偷，准备将珠宝藏起来，为此他特意买了几盆郁金香，其中有一盆的郁金香花是假的，他将珠宝藏在假郁金香花盆里。富翁做完这一切就去旅游了。旅游完回来后，富翁发现珠宝还是被偷了，小偷是怎么发现花盆里的珠宝的？

请写下来：

30. 被搬运的受害人

侦探老乔看着河岸边的受害人尸体，陷入了沉思。受害人的身边放着一个有毒的酒瓶，身下压着一朵盛开的月见草。侦探老乔旁边的助手说："应该是服毒自杀，已经死亡一天一夜了。"

老乔说："没错，但是这里不是案发现场，受害人的尸体是被搬运过来的。"

你知道侦探老乔为什么这么说吗？

请写下来：

一个强盗闯进一处民房，要求主人交出财宝，这时屋外响起更夫的脚步声。强盗把刀子抵在主人脖子处，主人因为害怕所以不敢声张，只得低声说："我眼神不好，晚上看不见，我点好灯，把钱财给你找出来。"

于是强盗同意让他点灯。强盗拿走钱财后，刚出门就被差役抓捕了。

请问主人是怎么传出被强盗威胁的信号的？

请写下来：

▶ 32. 警察的发现

　　杰瑞死在了家中，警察汤姆前去杰瑞的朋友皮特家调查。到了皮特家，警察遗憾地说："你的朋友死了，我来做一些调查，你知道他昨晚去了哪里吗？"

　　皮特不假思索地说："昨晚我们一起喝酒了，然后他独自往家的方向走去……"

　　"请你跟我们走一趟。"警察说完逮捕了皮特。

　　你知道警察发现了什么吗？

请写下来：

▶ 33. 珠宝失窃案

小镇上的珠宝店失窃，警长怀疑是店主监守自盗，因为店主刚给店铺买了盗窃险。面对警长的怀疑，店主解释说昨晚自己在野外研究鸟，因为他是一个鸟类爱好者，至于为什么晚上去野外研究鸟，店主解释说："昨晚镇子上出现的鸟叫声是一种非常稀有的鸟发出来的，这引起了我的兴趣。"警长略微思考后，打算换个破案方向。

你知道警长的破案方向是什么吗？

请写下来：

▶ 34. 老马识途

一位养马人被发现死于牧场，尸检结果显示死亡时间不到一小时，在他的尸体旁边有一群马儿在吃草。距离养马人家最近的是他的弟弟家，但来回要一个小时以上，所以案发现场的警官们都说不可能是他弟弟干的，除非弟弟不在家。侦探老乔给养马人弟弟打了个电话，弟弟果然在家，他有不在场证明，但侦探老乔依然建议警察将养马人的弟弟列为嫌疑人。

请问侦探老乔为什么这么做？

请写下来：

▶ 35. 嫌疑人是管家

管家汤姆前来警局报案，说："我的主人跳机自杀了，这是他留在私人飞机里的桌子上的遗书。"警长杰斐逊听完，立刻逮捕了管家。

请问警长为什么这么做？

请写下来：

▶ 36. 县太爷的推断

清朝末年的时候，一位喜欢遛鸟的八旗子弟被发现在公园服毒身亡。在他的身边放着一瓶毒药，除此之外还有一个鸟笼，鸟笼里关着他最心爱的鸟儿。县太爷沉思片刻后断定，这个人不一定是自杀。

请问县太爷为何有这样的推断？

请写下来：

餐馆老板死在了餐馆里，在死者面前有一把手枪，一封遗书放在手枪上，遗书里面写到他自杀的原因是生意不好，欠了很多债务……

警察只看了一眼现场，就立刻断定老板并非自杀。

你知道是为什么吗？

请写下来：

▶ 38. 被锁定的绑架犯

一位富翁的女儿被绑架了，绑匪要求将赎金邮寄到指定的地址。警察来到最近的快递邮寄点，通过调查发现地址是假的，收件人也是假的。与此同时，警察立刻锁定了犯罪嫌疑人，请问是为什么？

请写下来：

▶ 39. 十几米外的谋杀

　　某公司老板被发现死在公园的小树林里，死者的胸口插着一把细长的刀。一小时前刚下过雨，小树林里一片泥泞，奇怪的是地上只有死者的脚印。警长仔细观察后，忽然让手下查看十几米外的一棵大树底下是否有脚印。请问警长为什么要这么做？

请写下来：

▶ 40. 神秘的报警人

　　一位独居女士听到有人敲门，便说道："请稍等。"

　　敲门的人听到回答后破门而入，独居女士被打晕在地，家中的钱财被一抢而光。当抢劫者准备离开时，警察已经在抓捕他的路上了。

　　请问是谁报的警？

请写下来：

一位司机晚上开车路过一处弯道，和对面的车辆会车失败，摔下了悬崖。幸运的是司机并未身亡，据司机回忆说："当时拐弯的时候，有一辆车和我会车，我猛打方向盘，就摔下了悬崖。"

警察调查了现场之后，发现当时这个弯道并没有其他车辆。不过，现场遗留下的一地碎玻璃引起了警察的注意，让警察重新找到了破案线索。

请问警察在碎玻璃中发现了什么破案线索？

请写下来：

▶ 42. 该走哪道门

小明被困在了一座宫殿里，宫殿里只有四道门可以出去，第一道门有可以毒死任何人的毒气，第二道门有一个可以杀死成年人的杀手，第三道门有可以烫死男人和女人的热水，第四道门有一个可以毁灭一切的幽灵。

请问小明应该走哪道门？

请写下来：

▶ 43. 受害的演员

一位演员被射杀在车子里，车子车窗都是关闭的，车上只有演员一个人，子弹也没有射穿汽车，请问杀手是怎么做到的?

请写下来:

▶ 44. 丢失的王冠

有一位国王的王冠丢了，于是找来昨晚伺候他的四名阉人，说道："我有一匹神奇的马，只要是小偷摸它的尾巴，它就会叫出来，你们去马厩里摸一下它的尾巴，我就知道谁是小偷了。"

几名阉人摸完马尾巴回来后，国王果然发现了谁是小偷，请问是为什么?

请写下来:

▶ 45. 失而复得的官印

县令的官印丢了，但他却一点儿也不着急，而是找了十几个空盒子，并且把这些空盒子私下分别交给县衙里的衙役等人。一天之后，官印就回到了县令手里，你知道是为什么吗？

请写下来：

▶ 46. 谁丢弃的猪

一场大雪过后，一位农场主说邻居弄死了他的猪，并且将猪丢弃在树林里。农场主要求对方赔偿。警察观察了一番现场之后，随即断定农场主在撒谎，你知道是为什么吗？

请写下来：

▶ 47. 被害的富翁

一名富翁被发现死在家中，报案的管家说："早上的时候主人给了他一封遗书，然后下午主人就自杀了。"

警察看了看遗书，发现的确是富翁的笔迹，但旁边的钢笔引起了警察的注意。他通过查验钢笔，发现钢笔上没有指纹。警察于是逮捕了管家，你知道是为什么吗？

请写下来：

▶ 48. 聪明的女职员

一位漂亮的女职员在仓库里找文件的时候被不怀好意的同事拿刀劫持了，情急之下她拨通了报警电话。同事用眼神示意她不要乱说话，她只好颤抖着对手机那边的警察说："外面下雨了，我的被子今天绑在窗户外的衣架上，请你们解下被子帮我放在九楼，我下班后去拿。"

不一会儿，警察迅速赶到事发点，逮捕了犯罪嫌疑人，你知道这是为什么吗？

请写下来：

▶ 49. 嫌疑人到底是谁

　　汤姆被发现死亡的时候，已经是十天以后了，在汤姆的门口还有十份报纸和一瓶过期的牛奶。警长查看了一番现场后，立刻推断出了嫌疑人可能是谁。

　　你知道这是为什么吗？

请写下来：

杰克的妻子被发现死在了衣柜里，尸检结果表明死于一小时前，事发时家中有三个人，分别是厨师、管家和女仆。

厨师表示他在准备明天的早餐，并且端出一盘切好的洋葱。

女仆表示她整晚都在游泳，并且伸出漂亮的手指指了指外面的游泳池。

管家表示他在给女儿写信，并且拿出了刚写了一半的信。

警长听完之后立刻逮捕了女仆，你知道是为什么吗？

请写下来：

烧脑智力游戏

▶ 1. 关系难题

　　假设你是一位男性，走在街上时，一位老年男性过来和你打招呼，他说他的儿子是你儿子的父亲。请问你和他是什么关系？

请写下来：

▶ 2. 带着物品过桥

一位杂技演员带着表演的道具——帽子、棒槌和皮球准备过桥，桥边的老人告诉他这座桥一次只能承受一个人和两件物品的重量，桥的长度很长，物品不可能抛过去。杂技演员想了想，想出了个好办法，顺利地过了桥。你知道杂技演员用了什么办法吗？

请写下来：

▶ 3. 昏迷的儿子

一对父子被派到同一场战争中作战，战争结束后，父亲战死沙场，儿子受伤昏迷。儿子被送到医院治疗时，医生看到躺在病床上的儿子说："天哪，昏迷的是我的儿子！"你知道昏迷的是谁的儿子吗？

请写下来：

▶ 4. 赶马车的车夫

　　一位赶马车的车夫来到一座城堡，城堡的入口处挂着一个牌子，上面写着"禁止马车进入"。车夫看了眼牌子后，大摇大摆地走了进去，守门的警察看了眼车夫，问了他几句话后就让他继续走了。你知道这是为什么吗？

请写下来：

▶ 5. 空碗

　　两个小孩拿着一只空碗在地上玩耍，年龄大点的小孩说一只空碗只能装一块石头，年龄小点的小孩说可以装五块石头。这时，一个大人走过来说年龄大点的小孩说得对。你知道这是为什么吗？

请写下来：

▶ 6. 两名村妇

一个采药的人来到一条岔路口，岔路分别通向两个村子，一个村子的人对人友善，只说真话；另一个村子的人对人不友善，只说假话。采药的人要去只说真话的村子，这时迎面走来了两名村妇，采药的人不知道她们是从哪个村子来的，但他问了两个人一句话就明白了。你知道他问了什么话吗？

请写下来：

▶ 7. 说谎的侍卫

一位将军在路上遇到了一高一矮两名侍卫，他知道两人是大王子和二王子的人。长得高的侍卫说："我是大王子的人。"长得矮的侍卫说："我是二王子的人。"两名侍卫走后，一名士兵告诉将军说他认识两名侍卫，他们中至少有一个人说了谎。你知道两名侍卫谁说了谎吗？

请写下来：

▶ 8. 几个鸡蛋

　　一位书生路过一个村子，想找点东西吃，农户家的孩子说："我家鸡舍里有 10 个鸡蛋。"农户家的男主人说："没有，我家鸡舍里没有 10 个鸡蛋。"农户家的女主人说："不对，我确定鸡舍里至少有 1 个鸡蛋。"他们中只有一个人说的是真话，书生想了想，知道了答案。你知道鸡舍里有几个鸡蛋吗？

请写下来：

▶ 9. 钓鱼

　　两个父亲陪着各自的儿子去钓鱼，钓完鱼后，他们每人都钓到了一条鱼，一共是三条鱼。你知道这是为什么吗？

请写下来：

▶ 10. 黑衣女子

在一段没有路灯也没有月亮的路上，一名黑衣女子在行走，迎面驶来一辆马车，马车夫清楚地看见了她，并绕开了她。你知道这是为什么吗？

请写下来：

▶ 11. 弄错的奖品箱

一位老师买了三箱奖品，一个箱子里装的是锦旗；一个箱子里装的是本子；还有一个箱子里既装了锦旗又装了本子，三个箱子外分别贴着三种标签。但是粗心的店家却把三个标签完全贴错了，老师只从一个箱子里拿出物品看了看，就把所有的标签都换正确了。你知道老师查看的是哪个箱子吗？

请写下来：

▶ 12. 三个英国人

三个既不是同父异母也不是同母异父的英国人有两个共同的亲兄弟，两个共同的亲兄弟去世后，三人就没有其他任何的亲兄弟了。你知道这是怎么回事吗？

请写下来：

▶ 13. 别墅的朝向

有一个富豪，他建的别墅四个面都朝向北方。你觉得这可能吗？

请写下来：

▶ 14. 三个开关

　　一名新手饲养员在一个有着三个开关的房间里，每个开关控制着相邻房间里的三个食槽，但不清楚具体控制的是哪个，只要打开开关食槽里就会有饲料流出，食槽边各自有一只兔子。两个房间不相通，饲养员只能进入食槽所在的房间一次，为了弄清三个开关控制的食槽，饲养员想了一个办法，很快就顺利地弄明白了这个问题。你知道他是怎么做到的吗？

请写下来：

▶ 15. 船夫报官

王老板和船夫约定好明早去省城进货。第二天，王老板和王夫人叮嘱了几句话就出门了。半个时辰后，王夫人听到船夫拍门说："王夫人，快开门！"王夫人开门后，船夫问王老板怎么还没上船，王夫人吓了一跳，船夫继续说："别担心，我已经报官了。"县令来到现场后，听完王夫人的叙述，立刻找出了凶手。你知道凶手是谁吗？

请写下来：

▶ 16. 气球的颜色

小明带了一个盒子来上学，盒子里有一个气球，同学们不知道盒子里的气球是什么颜色，小明说让大家猜一猜。小刚说："我猜不是红色，因为你不喜欢红色。"小霞说："我猜不是黄色就是黑色。"小智说："我猜一定是黑色。"这三人的话中至少有一句是正确的，至少有一句是错误的。你知道盒子里的气球是什么颜色的吗？

请写下来：

　　　　四个小孩一块去摘水果，回来时爸爸问他们都摘了什么水果。小孩 A 说："我们每个人都摘了苹果。"小孩 B 说："我只摘了一颗桃子。"小孩 C 说："我没有摘苹果。"小孩 D 说："有些人没摘苹果。"爸爸思考了一下，发现他们中只有一个人说了实话。你知道下列推论哪个是正确的吗？

　　　　A：所有人都摘了苹果。

　　　　B：所有人都没有摘苹果。

　　　　C：有些人没摘苹果。

　　　　D：小孩 B 摘了一颗桃子。

请写下来：

▶ 18. 小鸟买外套

　　小白鸟、小黑鸟和小灰鸟一起去买外套，它们买了三件同款不同色的外套，颜色分别是白色、黑色和灰色。回家的路上，其中的一只小鸟说："我早就想买白外套了，现在终于买到了！而且我们三个中小白鸟没有买白外套，小黑鸟没有买黑外套，小灰鸟没有买灰外套。"小黑鸟说："的确如此。"你知道三只小鸟各自买了什么颜色的外套吗？

请写下来：

▶ 19. 租船

　　一家三口去海边玩，想租船出海，他们来到租船的地方，船员抱歉地说："对不起，我们不能租给带小孩的顾客。"夫妻俩觉得很遗憾，准备离开，这时小孩说了一句话，逗笑了大家，而且还能让船员把船租给他们。你知道小孩说了一句什么话吗？

请写下来：

▶ 20. 三个蒙面人

　　一个赶路的人遇见了三个蒙面人，他们中有 A 国的人，也有 B 国的人，赶路的人想去 A 国。A 国的人说的都是真话，B 国的人说的都是假话。

　　第一个人说："在第二个人和第三个人中，至少有一个人是 A 国的人。"

　　第二个人说："在第一个人和第三个人中，至少有一个人是 B 国的人。"

　　第三个说："我能告诉你真话。"

　　赶路的人想了想，知道了是怎么回事。你知道 A 国的人至少有几个吗？

请写下来：

▶ 21. 四个孩子

　　有一对夫妻生了四个孩子，夫妻俩给孩子们随机编了号。一天，家里来了一位客人，客人不知道孩子们谁大谁小，四个孩子给了他一些提示，结果客人很快就分清了大小。1号孩子说："我只有一个妹妹。"2号孩子说："我有一个弟弟和两个妹妹。"3号孩子说："我只有一个姐姐。"4号孩子说："我只有两个妹妹。"你知道四个孩子的大小及性别吗?

请写下来：

▶ 22. 员外的遗产

员外生了重病，留下了很多田地和铺子。为了检测一下两个儿子的能力，员外要求他们骑马到隔壁的镇上，谁骑得慢，谁就可以继承他的遗产。两兄弟准备了一番后，用最快的速度骑马飞奔到隔壁的镇上。你知道这是为什么吗？

请写下来：

▶ 23. 失窃的项链

一位女士价值千万的项链在晚宴上被偷了，盗贼锁定在了前来参加晚宴的四个人中。他们在接受警察的问话时，说了以下几句话：

第一个人说："不是我偷的，而且我看见第三个人整晚都在喝酒。"

第二个人说："肯定是第三个人偷的，因为我看见他离开过宴会。"

第三个人说："不是我偷的，我没离开过宴会。"

第四个人说："肯定是第一个人偷的，我整晚都没看见过他。"

警察经过仔细地分析后，发现四个人中只有一个人说了真话。

你知道是谁偷了项链吗？

请写下来：

▶ 24. 三家店铺

　　A、B、C 三人是好朋友，他们三人中，有一个人开了汽车店；有一个人开了面包店；还有一个人开了水果店。此外还知道以下信息：

　　C 比开汽车店的人年龄小。

　　B 比开水果店的人年龄大。

　　A 比开汽车店的人年龄大。

　　你知道三人分别开了什么店吗？

请写下来：

▶ 25. 算术题

　　甲、乙、丙三人在一起做算术题，甲说："这道题我做错了。"乙说："这道题丙做对了。"丙说："这道题甲做对了。"老师路过听见了他们的谈话，查看了他们的答案后说："你们三人中只有一个人做对了题且只有一个人说的话是错的。"你知道是谁做对了题吗？

请写下来：

▶ 26. 谁偷吃了蛋糕

妈妈买了一块蛋糕放在桌上，谁知转眼间蛋糕就被人偷吃了。妈妈很生气，她把四个孩子叫到一起，开始盘问他们。老大说："是老三偷吃的。"老二说："我没有偷吃。"老三说："是老二偷吃的。"老四说："是老大偷吃的。"四个孩子中只有一个人说了实话。你知道是谁偷吃了蛋糕吗？

请写下来：

▶ 27. 篮球冠军

韩国、日本、意大利、挪威、澳大利亚、中国六个国家的篮球队正在进行篮球比赛。甲、乙、丙对哪个国家的篮球队将会获得冠军进行了预测：甲认为冠军是韩国或日本；乙认为冠军绝不是意大利；丙认为冠军是挪威或中国。比赛结束后，三人发现他们中只有一个人的预测是对的。你知道谁的预测是对的吗？

请写下来：

▶ 28. 录取通知书

莎莎、琳琳、洛洛三人收到了清华大学、北京大学和浙江大学的录取通知书，但通知书不小心被烧坏了，看不清上面的名字和照片，有人做了以下猜测：

甲：莎莎被北京大学录取了，洛洛被浙江大学录取了；

乙：莎莎被浙江大学录取了，琳琳被北京大学录取了；

丙：莎莎被清华大学录取了，洛洛被北京大学录取了。

结果他们每个人都只猜对了一半。你知道三人分别收到了哪所学校的录取通知书吗？

请写下来：

▶ 29. 猜年龄

四个男孩在猜一部电影角色的年龄，A 男孩说："他的年龄不超过 20 岁。"B 男孩说："他的年龄超过了 20 岁。"C 男孩说："他的年龄在 30 岁以上。"D 男孩说："他的年龄在 35 岁以上。"四人中只有一个人的说法是正确的。你知道角色的年龄大概是多少岁吗？

请写下来：

▶ 30. 丢失的笔记本

娜娜的笔记本弄丢了，贝贝、思思、冰冰三人都曾拿过她的笔记本，娜娜询问她们三人时，贝贝说："是思思拿的。"思思说："是冰冰拿的。"冰冰说："不是我拿的。"她们中有两个人说了假话，有一个人说了真话。你知道笔记本是谁拿的吗？

请写下来：

31. 农夫过河

农夫带着一条狗、一只鸡和一些玉米要过河，船很小，农夫每次只能带一样东西。如果农夫不在身边，狗就会咬鸡，鸡也会吃玉米。农夫想了个过河的办法，顺利地将狗、鸡、玉米全都运了过去。你知道农夫是怎么做到的吗？

请写下来：

32. 偷进植物园

某植物园最近在维修，园方派人在门口看守，不准里面的人出去，也不准外面的人进来，每隔一段时间守门人就会走到植物园外面查看情况，小李见状想了个办法成功地进入了植物园。你知道小李是怎么做到的吗？

请写下来：

▶ 33. 猜文件夹

　　小张的桌子上有蓝色、绿色和粉色三个文件夹，他让同事猜哪个文件夹是他新买的。A 同事说："肯定是蓝色的。"B 同事说："要么是绿色的要么是粉色的。"C 同事说："我猜是粉色的。"他们中有一个人猜错了，但也至少有一个人猜对了。你知道小张新买的文件夹是什么颜色的吗？

请写下来：

▶ 34. 猜面包

妈妈买了一袋面包回来，孩子们猜妈妈买的面包是什么馅的，妈妈给出了三个条件，但有一个条件是错误的：

A：面包是豆沙馅的。

B：至少有一个面包是肉松馅的。

C：没有面包是火腿馅的。

你知道妈妈买的面包是什么馅的吗？

请写下来：

▶ 35. 四个犯人

　　陈老爷家丢了一柄玉如意，经过一番盘查，县令抓了四个人，第一个人说："昨天晚上我连门都没出。"第二个人说："我猜凶手是半夜趁人睡着时翻墙进来的。"第三个人说："翻墙逃走容易弄碎玉如意。"第四个人说："我什么都不知道。"县令听完四个人的话，立刻锁定了犯人。你知道谁是真正的犯人吗？

请写下来：

▶ 36. 谁是死刑犯

一艘押解犯人的船遇到了风暴，只有三个犯人活了下来，所有和犯人有关的信息全都被销毁了，他们三人中有一个人是死刑犯，有两个人是重刑犯。为了弄清谁是死刑犯，警察对三人进行了盘问，A 犯人说："我不是死刑犯,我被判了十一年有期徒刑。" B 犯人说："我也不是死刑犯，我被判了五年有期徒刑。" C 犯人说："虽然我被判了无期徒刑，但我真的不是死刑犯。"听完三人的回答，警察立刻将手铐戴在了死刑犯的手上。你知道谁是真正的死刑犯吗?

请写下来：

▶ 37. 买东西

小伟、小洋、小雷、小浩在商场分别买了一个篮球、一本书、一双运动鞋和一台游戏机。这四种商品分别陈列在商场的一层至四层（不是按顺序排列）。现在知道的是：小伟在一层购物；篮球是在四层出售的；小雷去了商场的二层；小洋买了一本书；小伟没有买游戏机。你能确定谁在哪层买了什么东西吗?

请写下来：

没有人去过神秘岛，也没有人知道岛上的食物是什么味道。为了推断出以上结论，我们需要以下面哪一个条件作为前提?

A：假如食物被人品尝过，就能知道其味道。

B：即使食物被人品尝过，也不一定能知道其味道。

C：人类通过嗅觉来判定食物的味道。

D：要想知道食物的味道，就需要去品尝。

请写下来：

▶ 39. 急中生智

　　一个挑夫用扁担挑着两个筐过独木桥，这时，他的前后方各来了一个孩子，挑夫急中生智，想了个办法，使大家都顺利地通过了桥，而且谁都不用后退。你知道他是怎么做到的吗？

请写下来：

▶ 40. 立方体盒子里的水

　　一个规则的立方体盒子里有一些水。有人说盒子里的水超过了一半，也有人说盒子里的水不到一半。如果不把水倒出来，有什么办法能知道盒子里的水有多少呢？

请写下来：

▶ 41. 照片上的人是谁

落落是独生子。有一天，他拿出一张照片说："照片上的男人的父亲是我父亲的儿子。"你知道照片上的人是谁吗?

请写下来：

▶ 42. 巧运竹竿

火车上有规定：旅客只能携带长、宽、高都不超过 1 米的物品上火车。那么，一根直径 2 厘米，长为 1.7 米的竹竿要怎样才能带上火车呢?

请写下来：

▶ 43. 反插裤兜

怎么才能将你的左手放入右边的裤兜里，同时又将右手放入左边的裤兜里呢？

请写下来：

▶ 44. 谁更近

一个人骑车从甲地前往乙地，另一个人开车从乙地前往甲地，在路上，他们相遇了，请问此时谁离甲地更近？

请写下来：

▶ 45. 谁更慢比赛

　　有一场非常特殊的赛马比赛，规则是谁的马走得慢，谁就是胜利者，于是有两匹马慢得几乎原地不动。请问有什么办法能使比赛尽快结束？

请写下来：

▶ 46. 难得的聚会

　　有三个老朋友想要聚会。可甲不在雨天出门，乙不在晴天出门，丙不在阴天出门。请问他们有办法相聚吗？

请写下来：

▶ 47. 最少请几人

　　小王要举办一个聚会。他邀请了他父亲的姐夫、他姐夫的父亲、他哥哥的岳母、他岳母的哥哥。请问小王最少邀请了几个客人?

请写下来:

▶ 48. 钥匙怎么分

　　办公室里有三个资料柜，每个柜子各配有两把钥匙，三个员工随时都需要打开这三个柜子。请问，在不增加钥匙的情况下，怎样才能让每个员工都可以随时打开这三个柜子中的任意一个?

请写下来:

▶ 49. 奇怪的咨询师

咨询师 A 给出的建议有 60% 的正确率，咨询师 B 给出的建议有 20% 的正确率。可大家往往更愿意向咨询师 B 咨询。请问这是为什么？

请写下来：

▶ 50. 燃烧的蜡烛

有八根正在燃烧的蜡烛，风吹灭了其中的三根。主人把窗户关上后便没有其他蜡烛被吹灭了。请问最后还剩几根蜡烛？

请写下来：

烧脑数学游戏

▶ 1. 一个四边形，剪掉一个角，还有（ ）个角？

请写出答案：

▶ 2. 找规律填空（一）

找出数字排列规律然后填空。3，4，6，12，36，（ ）

请写出答案：

▶ 3. 找规律填空（二）

找出数字排列规律然后填空。97，53，29，15，9，5，1，（ ）

请写出答案：

▶ 4. 找规律填空（三）

找出数字排列规律然后填空。1，2，6，24，120，720，（ ）

请写出答案：

▶ 5. 找规律填空（四）

找出数字排列规律之后填空。77，49，36，18，（ ）

请写出答案：

▶ 6. 找规律填空（五）

请在行末填上空缺的数字：4，7，10，13，（　）

请写出答案：

▶ 7. 找规律填空（六）

请在行末填上空缺的数字：6，9，8，11，10，（　）

请写出答案：

▶ 8. 缺了的字母是多少

请在行末填上空缺的字母：E，H，L，O，S，（　）

请写出答案：

▶ 9. 缺的数字是多少

请在行末填上空缺的数字：2，7，24，77，（　）

请写出答案：

▶ 10. 西瓜有几块

将一个西瓜切 10 刀，请问最少和最多分别能切多少块？（　）

请写出答案：

▶ 11. 最小的是谁

有 4 个数字 A、B、C、D，A、D 之和大于 B、C 之和，A、B 之和大于 C、D 之和，B、D 之和大于 A、C 之和。请问这 4 个数字当中最小的是哪一个？

请写出答案：

▶ 12. 数字是多少

一个两位数与 5 的乘积为一个三位数，且这个三位数个位与百位数字之和等于十位上的数字。请问这个三位数可能是多少？

请写出答案：

▶ 13. 橘子怎么分

小华的妈妈买了 48 个橘子，要求小华把这些橘子分成 4 份，并且第一份加 3、第二份减 3、第三份乘 3、第四份除以 3 所得数字一样。请问小华该如何分配这些橘子？

请写出答案：

▶ 14. 抛硬币

抛三枚硬币，结果全部都是同一面朝上的概率是多少？

请写出答案：

▶ 15. 两方合作

　　一项工作，甲单独做需要 15 天，乙单独做需要 10 天。请问他们合作需要多少天完成？

请写出答案：

▶ 16. 爬楼梯

　　某人爬楼梯，从 1 层到 4 层需要 48 秒。请问他用同样的速度爬到 8 层还需要多少秒？

请写出答案：

▶ 17. 巧变符号（一）

　　请将下列算式某处的加号改为乘号，使等式右边的数值等于 100。

　　　1 + 2 + 3 + 4 + 5 + 6 + 7 + 8 + 9 = 45

请写出答案：

▶ 18. 巧变符号（二）

请在算式左边添加两个减号和一个加号使得算式成立。

1 2 3 4 5 6 7 8 9 = 100

请写出答案：

▶ 19. 巧变符号（三）

将五个 4 和一个加号、一个除号排列成一个算式，使之等于

55。

请写出答案：

▶ 20. 比较容积

大玻璃杯的直径与高度都是小玻璃杯的两倍。请问大玻璃杯的

容积是小玻璃杯的多少倍？

请写出答案：

▶ 21. 买苹果

五个人买苹果，分别买了 A、B、C、D、E 个，又知道 A 分别是 B、C、D、E 的 2 倍、3 倍、4 倍、6 倍。请问 ABCDE 之和最小为多少？

请写出答案：

▶ 22. 为什么亏了

一个人按 1 块钱一斤的价格卖菜。而一个买菜的人则要求菜叶 3 毛一斤，菜秆 7 毛一斤。卖菜人本以为这样卖也很合算，结果却亏了不少。请问这是为什么？

请写出答案：

▶ 23. 轮流报数

两个人轮流顺序报数，一次可以报一个或两个数字，先报到 30 的就是赢家。请问怎样才能在游戏中获胜？

请写出答案：

▶ 24. 里程碑上的数字

　　一个人开车旅行，时速在 50 ~ 60 千米之间。一开始他看到路边里程碑上的数字是 15951，两个小时之后，他又看见一个里程碑，上面的数字还是 ABCBA 式。请问第二个数字是多少？

请写出答案：

▶ 25. 锯木棍

　　有一根 80 厘米长的木棍，小明想要将它锯成 4 段，每段长 20 厘米。每次锯断木棍需要 1 分钟，请问小明锯完整根木棍需要多少分钟？

请写出答案：

▶ 26. 猫吃鱼

　　有 3 只猫——黑猫、白猫和黄猫，它们共吃了 7 条鱼。白猫吃的鱼是黑猫吃的一半，而黄猫吃的鱼是黑猫的两倍。请问这 3 只猫各吃了多少条鱼？

请写出答案：

▶ 27. 苹果怎么装

要把 100 个苹果分别装在 6 只袋子里，每只袋子里所装的苹果数都是含有数字 6 的数。应该怎么装？

请写出答案：

▶ 28. 应该怎么抓

有一罐糖果，共有红、黄、蓝 3 种颜色。如果蒙上你的眼睛，让你抓取两块同样颜色的糖果，你至少要抓取多少块，才能保证一定能抓到同样颜色的糖果？

请写出答案：

▶ 29. 贴邮票

小方写了一封信，需要贴上价值 2 元的邮票才能寄走。现在他手中有一些 4 角、8 角、1 元面值的邮票，可以有几种贴法？

请写出答案：

▶ 30. 是否做得到

　　小兰对小新说："我能将 100 枚围棋棋子装在 15 只袋子里，每只袋子里的棋子数目都不一样。"请问小兰做得到吗？

请写出答案：

▶ 31. 是男是女

　　有 90 个人，排成一队，他们的排列顺序是"男、女、男、男、男、女、男、男、男、女……"循环，那么最后一个人是男还是女？

请写出答案：

▶ 32. 小马的年龄

　　小马的年龄的三次方是一个四位数，四次方是一个六位数，小马的年龄可能是多少？

请写出答案：

▶ 33. 各有几个

小张和小王都有苹果，小张对小王说："你给我一个苹果，那我的苹果就是你的两倍。"小王说："最好是你给我一个苹果，那样我们的苹果就一样多了。"请问他们各有多少个苹果？

请写出答案：

▶ 34. 猫有几只

10 只猫在 10 分钟内吃 20 条鱼，那么 60 分钟吃 120 条鱼，需要多少只猫？

请写出答案：

▶ 35. 有几个孩子

张先生和张太太有 5 个女儿，每个女儿都有两个兄弟。那么张先生和张太太有多少个孩子？

请写出答案：

▶ 36. 汽水怎么卖

小明和小强到公园玩，他俩想买 1 瓶汽水喝，小明差 1 元，小强差 1 分。把他俩的钱合起来，还是不够。请问 1 瓶汽水卖多少钱？

请写出答案：

▶ 37. 家人和苹果

妈妈分苹果，如果给家里人每人分 1 个，则还剩 1 个，如果给每个人分两个，则还少两个，那么家里到底有几个人？苹果一共有几个？

请写出答案：

▶ 38. 分辨硬币

外观完全一样的 6 个硬币，其中 5 枚重 10 克，另外 1 枚重 9.5 克，你能只用天平称两次，就找出那枚较轻的硬币吗？

请写出答案：

▶ 39. 渡河难题

一个人划船，带着狗、鸡和米过河。船很小，一次只能带一样，而且人不在的时候，狗会咬鸡，鸡会吃米。请问这个人要怎么做，才能安全地把它们都带过河？

请写出答案：

▶ 40. 小美的兄弟姐妹

小美的弟弟阳阳数了一下自己兄弟姐妹的人数，发现自己的兄弟比姐妹多 1 人。那么小美的兄弟比她的姐妹多几人？

请写出答案：

▶ 41. 警察追匪徒

警察开车追捕开车逃跑的匪徒。如果匪徒的车速度是每小时 60 千米，警察开车的速度是每小时 90 千米，两车相距 1800 千米，那么警察追上匪徒前的一分钟，两车之间相距多少米？

请写出答案：

▶ 42. 鸡蛋有多少

　　一个人打翻了小贩的一筐鸡蛋，为了赔偿，他问小贩："筐里一

共有多少个鸡蛋。"小贩说："不知道，但是我记得每次拿 2 个、3 个、

4 个、5 个或 6 个的时候，最后都剩 1 个，每次拿 7 个，就 1 个也不剩，

且鸡蛋的总数不到 400 个。"请问筐里到底有多少鸡蛋？

请写出答案：

▶ 43. 这是哪一年（一）
----

　　20 世纪的某一个年份在垂直翻转后，还是原来的数字，请问这

是哪一年？

请写出答案：

▶ 44. 这是哪一年（二）

　　19 世纪的某一个年份，对着镜子看时，镜子里的数字变成了原来的 4.5 倍。请问这是哪一年？

请写出答案：

▶ 45. 整数是多少（一）

　　有两个整数，它们之和大于它们相乘的积，请问是哪两个数呢？

请写出答案：

▶ 46. 整数是多少（二）

　　有两个整数，它们的和与它们相乘的积相等，请问这是哪两个整数？

请写出答案：

▶ 47. 整数是多少（三）

有 3 个整数，它们的和与它们相乘的积相等，请问这是哪 3 个整数？

请写出答案：

▶ 48. 整数是多少（四）

有两个整数，相对较大的那个数除以较小的数的结果与这两个数相乘的积相等，请问这是哪两个数呢？

请写出答案：

▶ 49. 有几个星期五

请问在 2 月份会不会出现有 5 个星期五的情况？

请写出答案：

▶ 50. 划数字

有 3 个数字,分别是 111、777、999,现在要求划掉其中 6 个数字,使得剩下来的数字之和为 20。

请写出答案:

▶ 51. 巧添符号(一)

1、2、3、4、5、6、7 这几个数字。在数字中写上加与减这两种运算符号,使其运算结果等于 55。

请写出答案:

▶ 52. 巧添符号(二)

在纸上连续写出 5 个数字 1。在这 5 个 1 中写上加或减这两种运算符号,使其运算结果等于 100。

请写出答案:

▶ 53. 巧添符号（三）

在纸上连续写出 5 个数字 5。在这 5 个 5 中写上加减乘除这些运算符号，使其运算结果等于 100。

请写出答案：

▶ 54. 巧添符号（四）

在纸上连续写出 5 个数字 3。在这 5 个 3 中写上加减乘除这些运算符号，使其运算结果等于 100。

请写出答案：

▶ 55. 巧添符号（五）

在纸上连续写出 5 个数字 2。在这 5 个 2 中写上加或减这两种运算符号，使得其运算结果等于 28。

请写出答案：

▶ 56. 巧添符号（六）

在纸上连续写出 4 个数字 2。在这 4 个 2 中写上乘和除这两种运算符号，使其运算结果等于 111。

请写出答案：

▶ 57. 巧添符号（七）

在纸上连续写出 4 个数字 3。在这 4 个 3 中写上加减乘除这些运算符号，使其运算结果等于 18。

请写出答案：

▶ 58. 巧添符号（八）

在纸上连续写出 4 个数字 3。在这 4 个 3 中写上加减乘除这些运算符号，使其运算结果等于 5。

请写出答案：

▶ 59. 年龄是多少

一位老人说："我儿子的年龄如果用周算与我孙子年龄用天算是一样的数字。我的年龄和我孙子的年龄按月算是一样的。我们祖孙三人年龄之和是 100 岁。"请问老人以及他的儿子和孙子的年龄分别是多少？

请写出答案：

▶ 60. 最少有几个

某人有 5 个儿子，并且每个儿子都有 1 个姐姐或者妹妹，请问，这个人最少有几个孩子？

请写出答案：

► 61. 谁的年龄大

　　某人有 1 个儿子和 1 个女儿，两年之后儿子的年龄会变成两年之前的两倍。而 3 年之后，女儿的年龄会变成 3 年之前的 3 倍。那么儿子和女儿谁的年龄大？

请写出答案：

► 62. 兄弟姐妹各几人

　　某人的兄弟人数与姐妹人数一样多。但其中的一个姐妹，她的姐妹人数是她兄弟人数的二分之一。请算算他们兄弟姐妹一共有多少人？

请写出答案：

► 63. 蜗牛爬树

　　一只蜗牛，它白天的爬行长度是 4 米，可是夜晚又会下滑 3 米。以这样的速度，想要爬上 12 米高的一棵大树需要多少天呢？

请写出答案：

64. 锯木材要多久

有一根长5米的木材,伐木工人需要把它锯成每段1米长的木柴。伐木工人每锯下一段木柴需要2分钟。那么这根木材需要多久才能被锯成所要求的木柴?

请写出答案:

65. 玫瑰花有多少

有一束玫瑰花,其中的三分之一、五分之一、六分之一分别献给三位女士,还有四分之一献给另一位女士,最后还剩下6枝。这束玫瑰花一共有多少枝?

请写出答案:

▶ 66. 撒谎的富翁

　　某位富翁得意地说："我刚把 50 枚银圆施舍给 10 个可怜的人。我是根据他们困难的程度进行施舍的。因此，他们每个人得到银圆的枚数都不相同。"一位青年听了富翁的话很生气，说："你在撒谎！"这是为什么呢？

请写出答案：

▶ 67. 女儿们的聚会

　　王老伯家有 3 个女儿都已出嫁。大女儿每 5 天回一次娘家，二女儿每 4 天回一次娘家，小女儿每 3 天回一次娘家。三个女儿从娘家同一天走后，至少再隔多少天 3 人能再次相会？

请写出答案：

▶ 68. 梯子有几级

一座 3 层的楼房着火了，消防员搭了梯子爬到 3 层楼上去灭火。当他爬到梯子正中间时，2 楼的窗口喷出火来，他就往下退了 3 级。等到火过去了，他又爬上了 7 级，这时屋顶上有一块砖头掉下来了，他又往后退了 2 级，幸亏砖没有打着他，他又爬上了 6 级。这时他距离最高一层还有 3 级。请想想看，这架梯子一共有几级？

请写出答案：

▶ 69. 各是多少岁

一天，老师对小梁说："我像你这么大时，你才 1 岁。"小梁回答说："我长到您这么大时，您已经 43 岁了。"请问现在老师和小梁各是多少岁？

请写出答案：

▶ 70. 青蛙捉虫

大小两只青蛙比赛捉虫子，大青蛙比小青蛙捉得多。如果小青蛙把捉的虫子给大青蛙3只，则大青蛙捉的就是小青蛙的3倍。如果大青蛙把捉的虫子给小青蛙15只，则大小青蛙捉的虫子一样多。你知道两只青蛙各捉了多少只虫子吗？

请写出答案：

▶ 71. 小猴子抬西瓜

3只小猴子从300米远的地方往回抬一个大西瓜，每次需要两只小猴子一起抬，现在由3只小猴子轮流抬，请你算一下，每只小猴子抬西瓜平均走了多少米？

请写出答案：

学生分黄瓜

甲、乙、丙、丁 4 个学生要平分 3 根黄瓜。老师让他们在不切断黄瓜的前提下，每人要得到相同的量。怎样做到？

请写出答案：

▶ 73. **小猴子采桃子**

一只小猴子从山上采来一堆桃子。第一天，它先吃去其中的一半，还有些嘴馋，又吃了 1 个；第二天吃去剩余桃子的一半再加 1 个；第三天又吃去剩余桃子的一半再加 1 个；第四天再吃去剩余桃子的一半再加 1 个，刚好吃完。小猴子共从山上采来多少个桃子？

请写出答案：

▶ 74. 卖面包

　　一位卖面包的老婆婆说："第一个人买了我面包总数的一半少半个；第二个人买了余下的一半少半个，第三个人又买了其余的一半多半个，最后把剩下的两个面包卖给了第四个人。"你知道这位老妇人共卖了多少个面包吗？

请写出答案：

▶ 75. 哪两页

　　小明看一本书，翻到今天要看的页码，发现左右两页的页码的和为 193。请问，小明打开的是书的哪两页？

请写出答案：

▶ 76. 爸爸的岁数

22 岁的儿子问爸爸:"您现在多少岁?"爸爸回答:"爸爸岁数的一半再加上你的岁数,就是爸爸的岁数。"请问这位父亲现在多少岁?

请写出答案:

▶ 77. 跳跃的年龄

有个人说:"我后天 22 周岁,可去年元旦时我还不到 20 周岁。"这样的事可能吗?

请写出答案:

▶ 78. 魔方的颜色

魔方共有 26 个小立方块,请问在魔方中,有几个小立方块是一面涂了色?有几个小立方块是两面涂了色?有几个小立方块是三面涂了色?

请写出答案:

▶ 79. 同班同学

初一有 3 个班，每班有正、副班长各 1 人。平时开班长会议时，各班都只有 1 人参加。第一次参加的是小李、小王、小张；第二次参加的是小王、小赵、小孙；第三次参加的是小李、小孙、小周。你知道他们中哪两个人是同班的吗？

请写出答案：

▶ 80. 握了几次手

小明、小华、小丽、小芳、小雅和小强六人参加一次会议，见面时每两人都要握 1 次手，小明已握了 5 次手，小华已握了 4 次手，小丽已握了 3 次手，小芳已握了 2 次手，小雅握了 1 次，问小强已经握了几次手？

请写出答案：

▶ 81. 老师定位

　　已知赵老师、钱老师、孙老师3人在南京、杭州、深圳三地的中学教不同的课程：数学、语文、外语；又知道：赵老师不在南京工作，钱老师不在杭州工作，在南京的不教外语，在杭州工作的教数学，钱老师不教语文。请判断出3位老师各在哪个城市、各教什么课程。

请写出答案：

▶ 82. 渡河难题

　　3头牛和3只虎要渡到河对岸，渡口只有1条小船，每次只能运装两头动物过河，且不能空船回来，为了防止虎吃牛，在一边岸上及船上的牛的头数绝不能少于虎的数量。应该怎样渡河才能保证牛的安全且要求渡河次数最少？

请写出答案：

▶83. 变多变少

冰融化成水后，它的体积减小十二分之一，那么当水再结成冰后，它的体积会增加多少呢？

请写出答案：

▶84. 分油问题

有 24 斤油，今只有盛 5 斤、11 斤和 13 斤的容器各一个，如何才能将油分成 3 等份呢？

请写出答案：

▶85. 速煎牛排

煤气炉上有两个炉头，现在准备用两个煎锅煎 3 块牛排，但是 1 个煎锅上只允许煎 1 块牛排。如果煎 1 面要 5 分钟，两面都煎要花 10 分钟，最短需要多长时间，能把两块牛排的两面都煎好？

请写出答案：

86. 上楼梯

　　小明和小红住在同一栋楼里，这栋楼相邻两层间的台阶级数相同。小明住在4楼，回家要走54级台阶；小红家住在6楼，请问小红回家要走多少级台阶？

请写出答案：

87. 班上有几人

　　小张、小华与小兰是好朋友，他们分别在A班、B班和C班。3个班共有学生161人，A班比B班多2人，B班比C班多6人，请问B班有多少人？

请写出答案：

88. 插得巧妙

　　125×4×3=2000，这个式子显然不成立，可是如果在算式中巧妙地插入两个数字"7"就可以成立，你知道"7"应该插在哪里吗？

请写出答案：

花园里的各种美丽的花正在陆续开放，第一天开 1 朵花，第二天开 2 朵花，第三天开 4 朵花，以此类推。一个月内恰好所有的花都开放了，问当花园里的花朵开到一半时，是哪一天？

请写出答案：

▶ 90. 装羽毛球

体育课上，豆豆和班上的同学一起帮老师收拾羽毛球。假设羽毛球的数目每分钟增加一倍，这样下去，8 分钟后装着羽毛球的篮子就满了，请问多久可以装满半筐羽毛球？

请写出答案：

▶ 91. 玩具有多少

幼儿园的老师给孩子们买了一批新的玩具，如果按每组 7 个分，则多了 1 个，如果按每组 8 个分，则刚好分完，但少分了 1 组。请问，这批玩具一共有多少个？

请写出答案：

▶ 92. 赚了多少钱

　　舟舟买了一个新玩具，花了 50 元钱，没玩几天就以 51 元钱卖掉了，后来后悔了，于是又花了 52 元钱买回来。一周之后，舟舟觉得没意思，又以 53 元钱的价格卖掉了。请问舟舟赚了多少钱？

请写出答案：

▶ 93. 到底谁亏了

　　小山在商店买了 20 元零食，因为没有零钱就给了老板 50 元。老板找给他 30 元后，小山又找到了 20 元的零钱，给老板之后，老板又把之前的 50 元退给了他，请问到底谁亏了？

请写出答案：

▶ 94. 苹果怎么装

　　妈妈买回来 8 个苹果，看到天天在跟小朋友玩，对他们说："你们把这些苹果装到 5 个袋子里面吧，每个袋子里都要装双数的苹果。"小朋友们要怎么装呢？

请写出答案：

▶ 95. 页码问题

学校为小朋友们编辑了一本安全手册，手册一共有 120 页，请问在页码中要用到多少次 9？

请写出答案：

▶ 96. 折纸鹤

东东、西西、南南、北北 4 个好朋友一起来折纸鹤，东东、西西、南南平均每人折了 38 只纸鹤；西西、南南、北北平均每人折了 40 只纸鹤；北北折了 41 只纸鹤，你知道东东折了多少只纸鹤吗？

请写出答案：

▶ 97. 班级拔草

三年级一班组织拔草，他们的拔草方案是：如果每个同学拔草 5 株，那么还有 60 株没拔；如果每个同学拔草 7 株，那么还缺少 50 株，请问三年级一班有多少个同学？杂草共有多少株？

请写出答案：

▶ 98. 同学有多少

这个周末，老师让每一个学生准备一份小礼物，并且为每个同学都准备了一个好看的包装盒。老师给了班长一个大盒子，里面装着5个包装盒，每个包装盒又装了5个小包装盒，请问该班级一共有多少个同学？

请写出答案：

▶ 99. 灯笼挂多少

在一条长30米的街道两边挂灯笼，每隔6米挂一个，一共要挂多少个灯笼？

请写出答案：

烧脑游戏解答

（答案仅供参考，也可自行发挥，自圆其说即可）

烧脑趣味游戏

1. 上海

2. 还是4分钟，因为鸡蛋是放在一起煮的

3. 小兰写的是"红"这个字

4. 水壶的嘴里没有舌头

5. 一步登天的腿最长

6. 缅甸人（免电人，谐音）

7. 名字

8. 亲戚

9. 镜子中的小华

10. 考试得的零蛋

11. 在铁轨上

12. 时钟从来就不会走

13. 秘书（秘书是人，不是书）

14. 泪水

15. 风车

16. 泥人

17. 每个月都有28天

18. 碘酒

19. 脸蛋

20. 打瞌睡

21. 足球球门

22. 水涨船高，淹不着软梯

23. 备用轮胎

24. 寸步难行的腿最短

25. 两头牛

26. 风车的轮子

27. 地球（地球自转一周为一天）

28. 姓善（人之初，性本善。谐音）

29. 会被偷走

30. 算错了的时候

31. 榨成果汁再分

32. 跑去追老鼠

33. 小象

34. 倒着走

35. 蚊子

36. 三代人（爷爷、爸爸、儿子）

37. 走过去太慢了，只能用飞的

38. 因为穿着鞋子

39. 在厕所里

40. 马路上的安全岛

41. 桌子、椅子等

42. 蜗牛

43. 一和二（因为一不做，二不休）

44. 芭蕾舞演员

45. 那个演员是乐队指挥

46. 妈妈头最疼（因为妈妈在付钱）

47. 黑鸡（因为黑鸡能生白蛋，白鸡不能生黑蛋）

48. 你睡着了没有？

49. 三寸不烂之舌（蛇，谐音）

50. 可能，在地图上爬。

51. 醒来

52. 吃亏

53. 她的衣服只有拉链，没有扣子

54. 睡觉的时候

55. 去掉"冰"字的两点

56. 圣诞老人

57. 傻瓜

58. 排成正三角形，每行4人

59. 是"错"字

60. 抛锚的车子

61. 划拳喝酒

62. 发誓的时候

63. 是瞎猫遇到死老鼠

64. 圣旨（纸，谐音）

65. 两个边，里边和外边

66. 蝴蝶结

67. 茶壶

68. 双耳碗

69. 彗星

70. 水

71. 盲人

72. 机床

73. 螺帽

74. 薪水

75. 脾气

76. 砖头

77. 耳光

78. 熊猫（因为熊猫有黑眼圈）

79. 债务

80. 橡皮擦

81. 辞海

82. 年龄

83. 蜂房

84. 瀑布

85. 快乐

86. 火车

87. 数字6（6倒过来是9）

88. 温度计

89. 搅拌机

90. 洞

91. 船

92. 古董

93. 鸡蛋

94. "方"向盘

95. 墨水

96. 梦

97. 手套

98. 蜡烛

99. 冰

100. 纪录

101. 水（水可以浮起很重的船，但沙子落入水中就会下沉）

102. 脑海

103. 稻草人

104. 阳光

105. 宇宙飞船

106. 电笔

107. 窟窿

108. 眼皮

109. 声音

110. 头发

111. 影子

112. 肥皂

113. 黑暗

114. 针眼

115. 睡眠

116. 抹布

117. 时间

118. 灵感

119. 头发

120. 谎言

121. 明天

122. 药

123. 眼线

124. 圆规

125. X光片

126. 还是一群牛

127. 后悔药

128. 海边，因为怕发生海啸（海笑，谐音）

129. 倒立

130. 借光或者借过

131. 袜子最容易"满足"（装满"足"）

132. 公鸡叫太阳起床，因为太阳不会叫

133. 因为它们不熟

134. 卡车司机当时没开车

135. 因为这扇门是推开的

136. 牛尾巴始终朝下

137. 这是一家宠物医院

138. 因为两位同学都交了白卷

139. 因为它们结茧（节俭，谐音）

140. 乌鸦嘴

141. 医生（去给别人看病）

142. 嘴

143. 修理东东，不是修理闹钟

144. 明天的明天

145. 厕所（可以大便，也可以小便）

146. 刚出生的小宝宝还没长牙齿

147. 角度

148. 田鸡

149. 开夜车

150. 闭上左眼的时候

151. 因为老张是理发师

152. 没长大的小老虎

153. 心（心比天高）

154. 天国

155. 小丽在吃甘蔗

156. 孔子满月的日子

157. 因为树不会跳

158. 因为有一个小朋友是把包子放在盆里端走的

159. 再买一根

160. 电池

161. 四个字（"新华字典"）

162. 上夜班的人

163. 怒火

164. 因为第二天考的不是英语

165. 抽水的时候

166. 因为巧克力棒

烧脑解谜游戏

1. 老太太是个侏儒，伸手只能按到八楼，下雨时她用雨伞按电梯，有人一起乘坐时她会请求他人帮忙按电梯。

2. 中国北方城市处于北半球，月亮会在天空的南面东升西落，小远如果坐在东西流向的河流的南岸，此刻的他应该面朝北边，这个方位是无法看见月亮

的倒影的。

3. 小梁的手帕上的污迹有甜味，画框上的污迹因为有甜味吸引了蚂蚁，所以老乔判断小梁接近过画框。

4. 如果受害人是死在沙滩上的，潮汐会带走受害人的鞋子。

5. 在楼下是看不到十楼卧室里的小凳子的。

6. 家养的鸭子不孵蛋，只有野鸭才孵蛋。

7. 李子放两年早就烂掉了。

8. 右手受伤，不可能把常用物品放在右边口袋，应该有第三个人把东西塞进了他的右口袋。

9. 受害人胸前有水迹，说明凶手很可能用的是锋利的冰刺杀的受害人，之后冰融化在了伤口处。

10. 小刘很可能是在电话里发出口令让狗咬死了小王。

11. 人的瞳孔会倒映拍照的劫匪的长相，利用高科技手段是可以还原被拍者瞳孔中的劫匪的大致长相的。

12. 死者大概率是被扔下来的，很可能是热气球路过沙漠时发生了意外，需要减轻重量，于是大家通过抽签决定，这个人不幸抽中了半根火柴。

13. 有可能是因为篮子里的冰激凌是用干冰降温的，干冰吸热后挥发变成二氧化碳，导致了女士中毒。

14. 小蓝。穿绿衣服的人回答了小蓝

的话。

15. 他用的是动物园的麻醉枪。

16. 劫匪把钱装进信封放进了邮筒。

17. 太阳帽没有被台风吹走，说明受害人是在台风后被人移动到这里的。

18. 有可能是受害人第一枪没打中。

19. 电路着火不能用水扑灭，会计在撒谎，他的目的是烧毁账本。

20. 路人抽出一个罐子，没有打开，说这里面没有中奖的纸条，淘汰了两个罐子后，骗子不得不承认第三个罐子里有中奖的纸条。

21. 如果是在戈壁滩晒了两个月并且没刮胡子，那么长胡子的地方的肤色应该与脸部其他位置不同，但是他长胡子的地方也是古铜色，说明他说的话有欺骗的部分。

22. 每晚住宿的人回去之后，做贼心虚的凶手都会去询问那个人县太爷问了什么，于是反而被发现了。

23. 聋哑人是装的。

24. 犯罪嫌疑人的电话是家里人帮忙回的，只需要用家中的固定电话来对着另一部固定电话说话即可。

25. 需要搜的物品是高跷，因为凶手是踩着高跷作案的。

26. 玻璃在屋里的那一面才有水雾。

27. 按照一般人的逻辑，找人应该

是喊对方的名字，发小先喊的是对方老婆的名字，不符合逻辑，说明他可能知道王老板不在家。

28. 王后将毒药涂抹在水果刀的另一面，切开苹果后，将有毒的那一半苹果给了公主。

29. 郁金香花朵在晚上会合拢，假花不会合拢，被小偷注意到了。

30. 月见草是晚上才开的，如果受害人一天一夜都在这里，身下的月见草就会被提前压死。

31. 主人趁更夫路过，点燃油灯，将强盗威胁他的影子投射在了窗户上。

32. 警察并未说是哪个朋友，皮特却准确说出了受害人的踪迹。

33. 昨晚有人利用店主喜欢研究鸟类的爱好，模仿稀有鸟类的叫声，骗出店主，趁机盗窃，只需要找到镇子上会模仿鸟叫的人也许就能破案。

34. 从两家距离来看弟弟的确没有作案时间，但如果是哥哥去找弟弟，就刚好符合作案时间。再加上老马识途，只需要将尸体放在马背上，马儿就能自行将尸体驮回家。

35. 飞机门打开后机舱内压强会发生变化，桌子上的遗书会被外部的空气吸走。

36. 爱鸟的人一般而言会在自杀的时候把心爱的鸟儿放归山林，所以可能不是自杀。

37. 自杀的人不可能把遗书放在手枪上面。

38. 警察锁定的犯罪嫌疑人是快递点的快递员，因为地址和收件人是假的，只有快递员能拿到这个快递。

39. 刀是被当作箭射出去的，那么行凶者大概率是躲在死者身后的大树后面射出的刀。

40. 独居女士是对电话里的朋友说的请稍等，她的电话一直没挂，是朋友报的警。

41. 司机没有撒谎，满地的碎玻璃是有人故意在拐弯处放的镜子，反射大灯的灯光，让司机误以为是有车辆要会车。

42. 第二道门，因为他是未成年人。

43. 这是一辆敞篷跑车。

44. 小偷做贼心虚，没有摸马尾，国王闻到其他人手上有马的气味，唯独其中一名没有。

45. 县令将空盒子单独交给县衙的差役们，并且告诉他们要保密，第二天让他们把盒子上交，盗了官印的人做贼心虚，就把官印还了回来。

46. 农场主来回的脚印深浅不一，说明是他扛着猪丢在树林里的。

47. 笔上也没有富翁的指纹，说明有人用笔写完遗书后擦掉了指纹。

48. 警局发现这通电话很怪异，破译后得出：我被绑架了，请你们解救我。

49. 送报纸的人每天都在送，显然不

知道汤姆已经去世，送牛奶的显然知道了，所以后面就没有送牛奶了。

50. 游泳后手指会起皱，起皱的手指不会是漂亮的手指，所以她在撒谎。

烧脑智力游戏

1. 你儿子的父亲是你，所以他的儿子是你，你和他是父子关系。

2. 杂技演员用接抛杂耍的方式过的桥，这样的方式会让帽子、棒槌和皮球始终有一个物品在空中。

3. 昏迷的是医生的儿子，医生是儿子的母亲。

4. 车夫是自己一个人走进城堡的。

5. 空碗装了一块石头后就不再是空碗了，所以只能装一块。

6. 采药的人问两个人说："另一个人是从哪儿来的。"

7. 只有当两名侍卫都说谎的情况下，才会分别是大王子和二王子的人，所以两名侍卫都说谎了。

8. 鸡舍里的鸡蛋为0个，因为只有当男主人的话是真的，且鸡舍里的鸡蛋为0时，才符合只有一个人的话是真的这一条件。

9. 他们是祖父、父亲和儿子三人。

10. 因为是在白天。

11. 老师查看的是贴着既装了锦旗又装了本子的箱子，因为如果拿出的是锦旗的话，就能判断箱子里全是锦旗，拿出的是本子的话，就能判断箱子里全是本

子，其他两个箱子就能弄清是什么了。

12. 三个英国人均为女性。

13. 可能，因为别墅在南极。

14. 饲养员先打开其中一个开关，食槽里流出饲料后，兔子会去吃饲料，等过段时间后，把打开的开关关掉，再打开剩下的开关中的一个，再走进有食槽的房间。看看哪个食槽里剩的饲料少，哪个食槽对应的就是第一个打开的开关，剩下没有东西的食槽对应的就是最后一个开关。

15. 凶手是船夫，因为雇主没来，船夫拍门时却直接叫的是"王夫人"，而且船夫在报官前应该并不确定王老板不在家中，除非是他谋害了王老板，知道他不在家中。

16. 黄色，因为只有当气球是黄色时，小刚和小霞说的是正确的，小智说的是错误的，才符合至少有一句是正确的，至少有一句是错误的这一条件。

17. A，只有当小孩A说的是实话时，才符合只有一个人说了实话这一条件。

18. 小白鸟买了黑色的外套，小黑鸟买了灰色的外套，小灰鸟买了白色的外套。

19. 小孩说："那你把船租给我吧，我没有带小孩。"

20. 至少有两个。因为当第一个人说的是真话时，符合条件，得

出的结论是至少有两个是A国的人；当第二个人无论说的是真话还是假话时，都符合条件，且至少有两个是A国的人，所以综合三种情况来看，都是至少有两个是A国的人。

21. 1号是三妹，2号是大哥，3号是四妹，4号是二哥。

22. 因为他们偷偷地交换了马，谁先到镇上就说明自己的马比对方慢。

23. 是第三个人偷了项链，因为只有第二个人说的是真话。

24. A开了面包店，B开了汽车店，C开了水果店。

25. 丙做对了题，因为丙做对了题时，只有丙说的话是错的，甲和乙说的话都是对的，符合只有一个人说的话是错的这一条件。

26. 是老二偷吃的蛋糕。

27. 乙的预测是对的。

28. 莎莎收到了清华大学的录取通知书；琳琳收到了北京大学的录取通知书；洛洛收到了浙江大学的录取通知书。

29. 小于20岁。

30. 是冰冰拿的。

31. 农夫先把鸡带过河，然后回来带上狗，把狗运过河后放下，再把鸡带回来，把鸡带回来后，把鸡放下，再把米运过河，最后再回来一趟把鸡运过河，这样就能把三样东西全部

运完。

32. 小李趁着守门人出去的间隙，溜进植物园，等守门人回来时，小李假装往外走，守门人以为他要出去，就会把他赶回园内。

33. 是粉色的。

34. 面包是豆沙馅的。

35. 第一个人是犯人，因为县令并没有说明是昨天晚上丢的玉如意，只有偷走玉如意的人才知道。

36. B是死刑犯，因为B为了掩饰自己不是死刑犯，会谎称自己是重刑犯，而重刑犯是指被判十年以上的犯人。

37. 根据已知条件可以推断出小伟买的是运动鞋。然后依此类推可以得知：小伟在一层买了一双运动鞋，小雷在二层买了一台游戏机，小洋在三层买了一本书，小浩在四层买了一个篮球。

38. 必须以D作为前提条件。因为没人去过神秘岛，因此想要品尝神秘岛上的食物，就需要付出具体的行动。

39. 让两个孩子分别坐在筐里，然后挑夫旋转扁担，把筐前后对调一下，再让孩子走出筐。

40. 把盒子倾斜，使水面刚好到达盒子顶部的边缘位置，再看盒子底部的边缘位置在水面之上还是之下即可。

41. 是落落的儿子。

42. 把竹竿放进一个长、宽、高都是

1米的箱子里，1米见方的箱子的对角线正好超过1.7米。

43. 将裤子前后反穿即可。

44. 一样近，因为他们在同一点上。

45. 交换两匹马的骑手。骑手为了获胜，一定会尽快驱使对方的马跑到终点。

46. 雨天他们可以在甲家聚会；晴天他们可以在乙家聚会；阴天他们可以在丙家聚会。

47. 两个人。姐夫的父亲与父亲的姐夫、岳母的哥哥可以是同一个人。

48. 在一号柜里放一把三号柜的钥匙，在二号柜里放一把一号柜的钥匙，在三号柜里放一把二号柜的钥匙，剩下的钥匙每人拿一把。

49. 大家向咨询师B咨询意见，然后按意见相反的方向去做，正确率将达到80％。

50. 还剩三根，因为没有被风吹灭的蜡烛都烧完了。

烧脑数学游戏

1. 剩下的角数取决于剪切方式，可能是3、4或5个角

2. 216。前两项的乘积的二分之一即后一项

3. 3。第一项减去第二项和第三项，等于第四项

4. 5040。$1 \times 2 = 2$，$2 \times 3 = 6$，$6 \times 4 = 24$，$24 \times 5 = 120$……$720 \times 7 = 5040$

5. 8。前一个数各位数字的乘积是下一个数字

6. 16（等差数列）

7. 13。规律为+3，−1循环

8. V。在字母表里或间隔两个字母，或间隔3个字母

9. 238。$2 \times 3 + 1 = 7$，$7 \times 3 + 3 = 24$，$24 \times 3 + 5 = 77$，$77 \times 3 + 7 = 238$

10. 最多切1024块，最少切11块

11. C最小。根据条件列出不等式组即可得出

12. 110，220，330，440，165，275，385，495

13. 四份分别为6，12，3，27

14. $\frac{1}{4}$。每个硬币有两种情况，因此一共有8种可能

15. 6天

16. 64秒

17. $1 + 2 + 3 + 4 + 5 + 6 + 7 + 8 \times 9 = 100$

18. $123 − 45 − 67 + 89 = 100$

19. $44 + 44 \div 4 = 55$

20. 8倍

21. 和最小为27

22. 假如一斤菜有3两叶，7两菜秆，分开卖则可以获得$0.3 \times 0.3 + 0.7 \times 0.7 = 0.58$元，少于一斤菜1块钱的价格

23. 只要每次报数都能报到3的倍数，即3、6、9……最后一定能取胜

231

24. 16061

25. 需要三分钟

26. 黑猫吃了2条鱼，白猫吃了1条鱼，黄猫吃了4条鱼

27. 可以这样分配：6个、6个、6个、6个、16个、60个（答案不唯一）

28. 至少需要抓取4块糖果，才能保证一定能抓到同样颜色的糖果

29. 共有4种贴法：5张4角的；2张1元的；2张8角和1张4角的；1张8角和3张4角的

30. 做不到。从1加到14等于105，已超过100，所以不可能每只袋子里的棋子数目都不一样

31. 据题目描述，循环末尾是"女"

32. 通过估算，小马的年龄可能是18、19、20或21岁

33. 可以列出方程组，解得小张有7个苹果，小王有5个苹果

34. 需要10只猫

35. 7个孩子

36. 一瓶汽水卖1元钱。小明没钱，小强有9角9分钱

37. 家里有3个人，苹果一共有4个

38. 先在天平两端各放3枚硬币，倾斜的那端含有轻的硬币。再从倾斜的那端取两枚硬币，放到天平两端。如果天平不平衡，倾斜的那端放的就是轻的硬币，如果天平平衡，没有放入天平的就是轻的硬币

39. 先把鸡带过河，再把狗带过河，同时把鸡接回来，再把米带过河，最后再次把鸡带过河

40. 多3人

41. 500米

42. 301个

43. 1961年

44. 1818年

45. 3和1（答案不唯一）

46. 2和2

47. 数字1、2、3

48. 1和2

49. 在闰年的2月一共有29天，有可能会出现5个星期五

50. 划掉"111"百位上的"1"，整个"777"，以及"999"百位和十位上的9，变为11+9=20

51. 123+4-5-67=55（答案不唯一）

52. 111-11=100

53. $5×5×5-5×5=125-25=100$

54. $33×3+3÷3=100$

55. 22+2+2+2=28

56. 222÷2=111

57. $3×3+3×3=18$

58. $3-3÷3+3=5$

59. 孙子的年龄是5岁，儿子的年龄是35岁，爷爷的年龄是60岁

60. 最少有6个孩子。只需要有一个女儿，每个儿子就都有一个姐姐或者妹妹了

61. 满足条件的数字为6，因此儿子和女儿是龙凤胎，两人的年龄都是6岁

62. 兄弟姐妹一共有7人，其中兄弟4人，姐妹3人

63. 8个昼夜加1个白天

64. 8分钟

65. 120支

66. 10个人得到的银圆的枚数都不相同，至少需要55枚

67. 60天

68. 23级

69. 老师是29岁，小梁是15岁

70. 大青蛙捉了51只，小青蛙捉了21只

71. 200米

72. 不把黄瓜切断，竖着剖成4条，每人拿3条

73. 30个桃子

74. 17个

75. 96页和97页

76. 44岁

77. 可能。他的生日是1月2日。他说话时是12月31日

78. 8个角上的小立方块三面涂色，6个面中央的小立方块是一面涂色，剩下的12个小立方块是两面涂色

79. 小李与小赵是同班的，小张与小孙是同班的，小王与小周是同班的

80. 握了3次手

81. 孙老师在南京教语文，赵老师在深圳教数学，钱老师在杭州教外语

82. 需要3次。1牛1虎过河，1牛返；2虎过河，1虎返；2牛过河，1牛1虎返；2牛过河，1虎返；2虎过河，1虎返；2虎过河

83. 十一分之一

84. 装满13斤的容器，从中倒满5斤的容器后余下即为8斤，将它倒入11斤的容器里，而把5斤容器中的油倒回大容器；再从大容器里取油装满13斤的容器，倒出5斤后剩下8斤；5斤容器中的油倒回大容器，则大容器中的油也是8斤

85. 15分钟。把三块牛排编号为1、2、3。然后，第一步：煎1号正面，2号正面；第二步：煎1号反面，3号正面，最后煎2号反面，3号反面

86. 90级

87. 55人

88. 1725×4×3=20700

89. 是最后一天的前一天

90. 7分钟

91. 64个

92. 2元钱

93. 老板亏了30元

94. 每个袋子里装2个，再用一个袋子把所有的袋子装起来

95. 22次

96. 35只

97. 55人，335株

98. 31个

99. 12个